这样做人更有魅力

徐先玲　李卓洋　编著

中国商业出版社

图书在版编目（CIP）数据

这样做人更有魅力 / 徐先玲，李卓洋编著 .—北京：中国商业出版社，2017.10
ISBN 978-7-5208-0053-2

Ⅰ.①这… Ⅱ.①徐…②李… Ⅲ.①人生哲学—通俗读物 Ⅳ.① B821-49

中国版本图书馆 CIP 数据核字 (2017) 第 231639 号

责任编辑：唐伟荣

中国商业出版社出版发行
010-63180647　www.c-cbook.com
（100053　北京广安门内报国寺 1 号）
新华书店经销
三河市同力彩印有限公司印刷
*
710×1000 毫米　16 开　12 印张　195 千字
2018 年 1 月第 1 版　2018 年 1 月第 1 次印刷
定价：35.00 元
* * * *
（如有印装质量问题可更换）

第一章　做人重在人格……………………………1

1. 做人要有高尚的人格 ………………………… 2
2. 人格比财富更有用 …………………………… 4
3. 人格比"名"更崇高 ………………………… 6
4. "极品"人格的两种雅量 …………………… 8
5. 德行决定成败 ………………………………… 10
6. 忠诚：真诚的最高境界 ……………………… 12
7. 自律才能获得人格高境界 …………………… 15
8. 责任心：健全人格的基础 …………………… 17
9. 慎独做人 ……………………………………… 19
10. 诚信可以行天下 ……………………………… 21

第二章　做人贵在品行………………………… 23

1. 真诚坦荡地做人 ……………………………… 24
2. 对人切忌傲慢无礼 …………………………… 25
3. 做人要志存高远 ……………………………… 26
4. 低调做人 ……………………………………… 29
5. 做人莫口是心非 ……………………………… 30
6. 要勇于承认错误 ……………………………… 32
7. 谦虚地听取忠告 ……………………………… 34
8. 学会制怒 ……………………………………… 36

第三章　做人要学会取舍………………………… 39

1. 最佳选择的黄金法则 ………………………… 40

2. 不同的人有不同的选择 …………………………… 42
　　3. 天才选择给自己铺路 ……………………………… 43
　　4. 信誉与荣誉的选择 ………………………………… 44
　　5. 敢于选择勇往直前 ………………………………… 46
　　6. 选择小事成就大业 ………………………………… 47
　　7. 绝不放弃万分之一的可能 ………………………… 48
　　8. 放弃局部利益而保全整体 ………………………… 51

第四章　做人要善始善终 …………………………… 53

　　1. 逆境造就毅力超群的成功者 ……………………… 54
　　2. 磨难挡不住强者的脚步 …………………………… 57
　　3. 困境造就人才 ……………………………………… 59
　　4. 能吃苦还要会吃苦 ………………………………… 61
　　5. 坚韧可以克服一切困难 …………………………… 63
　　6. 学会在逆境中生存 ………………………………… 65
　　7. 摆脱失望，恢复必胜的斗志 ……………………… 68
　　8. 勇于在逆境中崛起 ………………………………… 70

第五章　做人要志存高远 …………………………… 77

　　1. 坚持不懈，矢志不渝 ……………………………… 78
　　2. 让自己的志向不可阻挡 …………………………… 81
　　3. 始终充满壮志豪情 ………………………………… 83
　　4. 时刻让自己充满热情 ……………………………… 85
　　5. 人生就要积极进取 ………………………………… 87

6. 永远生活在希望之中 …………………………… 90
7. 把决心与志向"焊"在一起 …………………… 91

第六章　做人要充满自信 …………………… 95

1. 无条件接受自己 ………………………………… 96
2. 积极地进行自我评价 …………………………… 101
3. 点燃内心深处的自信之火 ……………………… 104
4. 强化你的自信心 ………………………………… 105
5. 培养内心的信念 ………………………………… 106
6. 对要做的事情做好充分的准备 ………………… 106
7. 和信任自己的人交朋友 ………………………… 108
8. 不要让失败把你击垮 …………………………… 109
9. 学会接受建设性的批评 ………………………… 111
10. 保持开阔的视野 ………………………………… 112
11. 战胜自卑并不难 ………………………………… 113
12. 避免说自己的弱点 ……………………………… 115
13. 塑造自己的坚强个性 …………………………… 116

第七章　做人要学会控制情绪 ……………… 119

1. 驾驭自己的负面情绪 …………………………… 120
2. 学会克制和忍耐 ………………………………… 123
3. 不要让愤怒的情绪冲出来 ……………………… 125
4. 性情豪爽别过头 ………………………………… 129
5. 不要成为感情的奴隶 …………………………… 131

6. 控制好自己的情绪 …………………………………… 134
7. 保持清醒的头脑 ……………………………………… 137

第八章　做人要保持快乐心境……………………… 139

1. 心境旷达方可致远 …………………………………… 140
2. 解开心灵的枷锁 ……………………………………… 142
3. 放下就是快乐 ………………………………………… 145
4. 保持乐观的心态 ……………………………………… 146
5. 知足和感恩是快乐之源泉 …………………………… 150
6. 让快乐成为一种习惯 ………………………………… 151
7. 凡事多往好处想一想 ………………………………… 155
8. 换个活法品味快乐 …………………………………… 157
9. 学习忘怀之道 ………………………………………… 160

第九章　做人要懂得低调……………………………… 163

1. 出头的椽子先烂 ……………………………………… 164
2. 莫与强者争锋 ………………………………………… 165
3. 藏巧于拙方可致远 …………………………………… 167
4. 坦然接受他人的批评 ………………………………… 170
5. 忍字心头一把刀 ……………………………………… 171
6. 忍小谋大，不逞匹夫之勇 …………………………… 174
7. 为人处世要检点小节 ………………………………… 176
8. 冷静面对不尽如人意的人和事 ……………………… 181
9. 刚柔相济，该低头时就低头 ………………………… 183

第一章
做人重在人格

这样做人更有**魅力**

1. 做人要有高尚的人格

  1970年12月6日，波兰的首都华沙寒气逼人。来访的联邦德国总理勃兰特向华沙无名烈士墓献完花圈之后，来到华沙犹太人殉难者纪念碑前的广场。突然，他双膝着地，跪在了纪念碑前！他是向二战中被德国纳粹屠杀的510万犹太人表示沉痛哀悼，为纳粹时代德国所犯下的罪孽深感负疚，真诚地认罪赎罪。勃兰特此举震惊了世界，尤其震撼了德国人的灵魂。当时的民意调查显示，有80%的德国人非常赞赏此举，认为这种出乎意料的方式更充分地表达了德国人悔罪的诚意。此举也赢得了波兰人民的理解和信任，认为它为"结束一段充满痛楚与牺牲的罪恶历史"迈出了重要的一步。1971年的诺贝尔和平奖授予了勃兰特。

  阿根廷政府曾做出一项特别决定，向在第二次世界大战期间作出过重要贡献的辛德勒遗孀埃米莉·辛德勒夫人每月提供1000美元的生活补贴，以使这位老人安度晚年。埃米莉·辛德勒夫人在第二次世界大战期间，曾与丈夫一起冒着生命危险从德国法西斯集中营里救出1200名犹太难民。他们的这

第一章
做人重在人格

段传奇经历，后来被美国导演斯皮尔伯格搬上银幕。电影《辛德勒的名单》真实地再现了这段历史，辛德勒夫妇的事迹也因此被世人传颂。二战结束后，辛德勒夫妇于1949年来到阿根廷首都布宜诺斯艾利斯的圣维森特区定居。1974年丈夫去世后，独居此地的埃米莉因缺少收入来源，经济拮据，生活困难。阿根廷内政部长科拉奇在总统府接见了埃米莉·辛德勒夫人，并向她宣布了这项由梅内姆总统特批的决定。

在重大的历史事件面前，在尖锐的意见分歧面前，是什么有如神助的力量保护了人的命运？甚至保护了民族、保护了国家的命运？是什么有如神助的力量能够使不同语言、不同肤色、不同民族、不同国家的人民消除隔阂，形成统一的思想和意志？是善良的力量，是正义的力量，是进步的力量，是推动历史车轮向前发展的人民群众的力量。而人格的力量，就是这些力量的集中体现。

人格是个人的道德品质，也是个人的性格、气质、能力等特征的总和。不可否认，具有高尚人格的人也可能遭遇厄运和不幸。但是，具有高尚人格的人宁可遭遇厄运和不幸，也绝不会放弃高尚的人格，因为他们并不是为了得到回报才保持高尚的人格。正因为如此，一个人的人格魅力才会在困境的砥砺中焕发出迷人的魅力，并激发出感染别人的力量。

品格是世界上最强大的动力之一。高尚的品格，是人性的最高形式的体现，能最大限度地展现出人的价值。

每一种真正的美德，如勤劳、正直、自律、诚实，都自然而然地得到了人类的崇敬。具备这些美德的人值得信赖、信任和效仿，这也是自然的事情。在这个世界上，他们弘扬了正气，他们的出现使世界变得更美好、更可爱。

人格就是力量，在一种更高的意义上说，这句话比知识就是力量更为正确。诚实、正直和仁慈，这些品质与每个人的生命息息相关，已成为一个人品格的最重要方面。正如一位古人所说的："即使缺衣少食，品格也先天地忠实于自己的德行。"具有这种品质的人，一旦和坚定的目标融为一体，那么他的力量就可惊

这样做人更有 魅力

天动地，势不可挡。

由此，每个人都应该把拥有好的人格作为人生的最高目标之一，并竭尽全力去赢得这种非凡的力量，让人生因得到高尚人格的照耀而焕发独特的光辉。

知识链接

品格是世界上最强大的动力之一。高尚的品格，是人性的最高形式的体现，能最大限度地展现出人的价值。

2. 人格比财富更有用

当前人格的丧失正是很多社会问题的症结。如果每个人都能高度珍视自己，并且知道自己有能力得到自己想要的东西，那么就不会再有人去出卖自己的肉体，或者沉迷于赌博、毒品和犯罪。

贫困在一定意义上可以说是一种精神疾病，它起源于人格的丧失；同许多疾病一样，这种精神疾病是可以治愈的，只要你确信它能够被治愈。同样地，和对付其他疾病一样，要战胜贫困需要你不懈的努力、积极的态度和无比的勇气，如果你放弃了，你才是真正地陷入了困境。

金钱可以放弃，权力可以放弃，自由也可以放弃，但是，人格是真正可以拯救我们的东西。

一个人能够知道尊重自己的人格，不把自己当作一件物品买卖，不肯为了金钱、势力、地位而出卖自己的人格，堕落自己的操守，那他一定能成为社会中重要且有力量的一分子。

第一章
做人重在人格

林肯做律师时,有人请他为一件诉讼案中理屈的一方辩护。他回答说:"我不能做这种事。因为到了当庭陈词时,我的心中,一定会不停地这样想:'林肯!你是说谎者,你是说谎者!'我相信,那时我会说不出话的!"

一个人戴上了假面具,去从事不正当的事业或职业,那他一定会常常受自己良心的嘲笑,并且还常常鄙弃自己。良心的谴责,或内心的羞惭,是很痛苦的。它能减损人的力量,淹没人的品格,它足以葬送一个人的自尊心与自信心。

不管有多大的利益,千万不可留恋于不正当的职业。假使你要从事这种事业,你最后一定会遭遇失败与不幸。做良心所不允许的事,是足以损害人格,破坏各种精神机能的。

假使上司要你做不正当的事,你可以明白地告诉他,你必须将人格的标记印在所做的每一件事上,否则就不干!你不能将你的人格,你的操守,你的尊荣,出卖给任何不正当的机构,或不诚实的领导。

世界上没有任何东西可以引诱你去做"人"所不应该做的事;不要为了金钱而作践你的人格与自尊,去为他人作种种不正当的事情!不管你从事何种职业或事业,你都应该尊重你的人格,保持你的操守。不要忘记,你是在做一个人!最初,最后,直到永远。

人格不仅代表一个人的资本,更是道德的保证和最高尚的财富。它是一个植满了人类美好愿望与荣誉的庄园,人们投资于此将会得到报偿,会获得真正的荣誉和受到人们的尊敬。

一种优秀的人格就是无价的财富,比宝石、金子都更具有价

值。赚钱是一种行为，可是，当人的思想变得贫穷时，当它消除了人对美的感受时，当它使道德感变得迟钝，并且混淆了对与错、善与恶的区分时，赚钱就是最恶劣的罪恶行径。

一个人不能光凭面包活着，还需要一种无形的精神食粮。人们需要花很多钱买食物来喂养一个肉体，而一个健全的人的思想与灵魂，在要求真、善、美方面，比肉体要求物质食物显得更为渴望而迫切。

不能单一地用金钱来衡量一个人的财富和他的价值。一个人有许多金钱，而心灵一片贫瘠；有一片广阔的庄园，理解力却十分狭隘，那么他的"财富"对他来说意味着什么？他的"价值"将为他赢得什么？一个年老之人将他的一生耗费在追求财富而不是在发展自身上是一件最可悲的事。他的灵魂蜷缩成一个吝啬鬼的灵魂，他所有较为高尚的感觉都已经死去，那么，他还会富有吗？

人格比财富更有用。如果一个人丢失了灵魂，那么即便他得到了整个世界，也毫无用处。

知识链接

一种优秀的人格就是无价的财富，比宝石、金子都更具有价值。

3. 人格比"名"更崇高

对于很多人来说，尊严与交际往往是一对矛盾。有时候要维护人格尊严，在交往中恐怕就要注意自己的态度了。就一般情况而言，人们是不愿大献殷勤的，所以献殷勤的人是恐惧的，他害怕别人不与他好，所以才巴结人，这种交往是不自然而丑恶的。

看见上司叼根烟就立刻点上火，老板从车上下来就立刻上前开车门，看见上司打了条新领带就称赞"这可真是上等货"……当你看见周围同事这么做的时候，你会怎么想？

这时候，每个人的反应都差不多："真是马屁精，这种事都做得出来，恶心！"但是，当周围这种拍马屁的人越来越多的时候，你也很难表现出不以为然的样子。最后，连你也会和大家一样，成为逢迎拍马的人。

但是还是有一些人不会受到影响，依然坚持不逢迎拍马。这种人有两类：一类是头脑很单纯的人，他认为"这简直是太无聊了"！或是"这么麻烦的事就免了吧！"于是即使别人再怎么拍马，他依然故我。另外一类就是所谓的硬汉，这类人可是很"麻烦"的人。

"经理真是个公私不分的人，利用公司的交际费满足私人的嗜好。如果我想要得到他的提拔，就必须与他同流合污。但这实在不是我做得出来的。"你或许就是这种人，经常为了这种事而气愤或烦恼。这个时候，你该怎么办呢？

如果你是这种性格的人，大可不必勉强自己加入逢迎拍马的行列。假使你为了讨好上司而忍着自己心中的不屑与气愤，采取所谓"屈辱的行动"，上司也还是不会高兴，因为你这种不满的情绪，会表现在你的行动之中，使你的言行举止看起来极不自然。更何况有些人本来就很擅长谄媚这一套功夫，和他们比起来，你的所作所为，反而让人觉得"画虎不成反类犬"。如此一来，你排除万难、克服自己心理障碍所做的努力，非但一点儿效果都没有，反而落人笑柄。

维护尊严是很复杂的，我们不仅要维护作为个人权利、特征的尊严，还要维护道德品质上的尊严。仁、义、礼、智、信，是每个人都必须遵循的，它也正是

这样做人更有 魅力

我们的高尚人格，也是我们所要努力维护的。

那么，究竟应该怎么做才好呢？这说起来未免太过于教条化，但却是不可否认的原则，那就是完全靠实力取胜。

不要羡慕那些走旁门左道而暂时得到利益的人。这些讨巧的欺骗伎俩，绝不可以成为常态。惟有真正的实力才经得起考验。

如果能在开始创业时，就下定这样一个决心：将自己的人格力量当做事业的资本，做任何事情，都不要背叛人格，那么在日后，即使不能名利双收，也不会在事业上遭到失败；反之，一个丧失人格力量的人，却永远不能长久地处于成功的状态中。

我们每个人都要懂得，在自己的生命中，应当有着宝贵的人格和自尊。高尚的人格，"富贵不能淫，贫贱不能移，威武不能屈"，任何代价也不能买去。甚至在必要时，我们宁可牺牲自己的生命，也要保全人格力量的完整。

一个能够知道尊重自己的人格，不把自己当做一件商品，不肯为了薪水、金钱、势力、地位出卖自己的人格，降低自己操守的人，一定能成为社会中的重要人物。

贫穷并不可怕，可怕的是把自己的人格、自尊全都抛开了。我们宁愿辛苦地工作，也不能牺牲我们的自尊，毁灭我们美好的心灵。

把我们的人格铭刻在我们所做的每一件事上，这才是我们生命中最真实的欢愉。要记住，人格比"名"更崇高，比"利"更伟大。

4. "极品"人格的两种雅量

俗语云："宰相肚里好撑船。"所谓肚里撑船，极言容纳之大也。话虽如此，古往今来，就是这大雅量最难。以王安石之才，司马光、欧阳修之品，难免互相倾轧。在得势的环境中仍然撑船的宰相，历史上非常罕见，如齐之管仲、汉之曹参，不但是宰相中的宰相，也是人中的"极品"官。

做人最需要，也最难得的品德是雅量。惟量大才能容人、容物，做大事、成大业。即使无机会做大事、成大业，有雅量的人也自然器宇宏大，令人望而生敬，是人中的极品。

汉相国曹参才不如萧何，继萧何为相后，人皆以为他会挟前嫌更换人事。谁知他最大的长处就是有雅量，不但用人行政，概照前任旧章办理，所有规定也都"萧规曹随"，新官上任，一把火都不放，每日饮酒作乐地替部属掩饰错误。惠帝问他为何无所事事，他坦承才不如萧何，无需多事。如此大智若愚，胸怀宽广，历代少有。故他一生保全自己，也保全惠帝，使黎民得以休息。

人的雅量首先表现在能容忍并承认别人比他有才，如曹参。这话说来简单，其实很难做到。

其次，人的雅量表现在能承受毁谤而不怒。老子曰："受国之垢，是谓社稷主。"古往今来，居高位、承大任的人总是要受很多毁谤。即使不居高位、不担大任但要独立不群，鹤立鸡群，也难免受人议论。这时候小器的人才会去斤斤计较，打名誉官司。有雅量的人一笑置之。因为这种事也只好一笑置之，追究无益。在一笑置之的时候，所显露出来的恢宏气度最令人折服。

有人以为人有的天生大量，有的天生小器。根据心理学的理论，人天生都是小器的。尤其极大的雅量，都是后天修为的结果。人读书之后，阅历既多，涉世便更深入。应接之间便会体会出小器足以坏事，大量乃能成事，于是鞭策自我、拓展自我、提升自我，使自己成为有雅量的人。及至肚里能撑船了，回视从前的小器，真真渺小可怜，不觉哑然失笑，再也回不去了。就此器量愈来愈大，人格愈来愈成熟，真的成为"大"了。就某种意义而言之，有量，才有气概。舍此，无气概而言。

知识链接

做人最需要，也最难得的品德是雅量。惟量大才能容人、容物、做大事、成大业。即使无机会做大事、成大业，有雅量的人也自然器宇宏大，令人望而生敬，是人中的极品。

5. 德行决定成败

古人说"福不可徼，德胜则集"，品德是人们获得成功的重要条件。又说"以德养民，则四方之贤望风而慕"。

说到成功，人们常常最先想起的是聪明、勤奋、机遇等。其实品德往往在想不到的时候就决定了一切。

晋国大夫叔向拜访晋国正卿韩宣子，韩宣子正为了经济困难而发愁。叔向却向他道贺。

韩宣子说："我有正卿的名义，却缺少应有的财产，没办法和各位卿大夫打交道，所以我发愁。你向我道贺，什么缘故呀？"

叔向答道："现在你有亲武子那样的贫穷，我以为也能具备他那样的德行，所以向你道贺；如果你不担心自己不能立德，只是愁自己的钱不够用，那我哀吊你还来不及哩，有什么可道贺的？"

在中国历代，统治者的道德与他们统治的政绩有着密切的关系，唐朝时唐太宗以公德治天下，自己勤俭持政，为天下人做出表率，所以便有了"贞观之治"这样中国历史上的兴盛时期，而比他早执政数十年的隋炀帝却荒淫无度，所以天下一片混乱，暴动骚乱不止，这两个人的执政结果就足以说明德行治天下的道理。

法国银行大王莱菲斯特年轻时有段时期因找不到工作而赋闲在家。有一天，他鼓起勇气到一家大银行找董事长求职，可是一见面便被董事长拒绝了。

他的这种经历已经是第五十二次了。莱菲斯特沮丧地走出银行，不小心被地上的一根大头针扎伤了脚。"谁都跟我作对！"他愤愤地说道。转而他又想，不能再叫它扎伤别人了，就随手把大头针捡了起来。

谁想，莱菲斯特第二天竟收到了银行录用他的通知单。他在激动之余又有些迷惑：不是已被拒绝了吗？

原来，就在他蹲下拾起大头针的瞬间，董事长看在了眼里。董事长根据这小小不然的事认为莱菲斯特是个谨慎细致而能为他人着想的人，于是便改变主意雇佣了他。

莱菲斯特就在这家银行起步，后来成了法国银行大王。

莱菲斯特的机遇表面上只因拾起一根针，是偶然之事。但实际上是莱菲斯特可贵的品格给了他成功的可能，所以培养良好的品格是成功必不可少的条件。

这样做人更有**魅力**

6. 忠诚：真诚的最高境界

一个真诚的人，他不仅说话做事不搞欺骗，而且他还具备做人的最高境界——忠诚。

越来越精明的现代人，穿行在钢筋水泥构架的都市马路上，常常在不经意中忽视了做人忠诚的规则。有的人或见利忘义、因小失大，或目光短浅、斤斤计较，或尔虞我诈、欺来骗往，从而上演了一幕幕违背良心、令人痛心疾首的悲剧。

忠诚在成功问题上是有生命力的。例如许多外国企业在用人之道中的首选目标是考验忠诚。一个不忠诚的员工，往往会把公司看成是福利机构，或是自己另谋高就之前的脚踏板、垫脚石，他工作没有责任感，公司的兴衰荣辱和他没有关系。这样的员工完全游离于公司利益之外，又何谈忠诚呢？

在成功的道德取向上，无论是东方还是西方，都有融会贯通之处。西方人最鄙视说谎的人，一个孩子在成长过程中难免说几句假话，但他们的母亲认为这几句谎言会给他将来为人刻下烙印。为免于将来受人唾弃，做母亲的会对孩子进行说理教育，让他们认识到说谎所产生的恶果，比如无人信任、使自己丧失信誉、难以在社会上立足等。东方人则将忠诚视之为人的美德，称其为最有价值的"人格天条"。

《忠诚胜于能力》这本书之所以畅销，关键之处就是它提出了"忠诚不仅是一种品德，更是一种能力"的新时代工作观。

忠诚作为一种能力，是其他所有能力的统帅和核心，因为如果一个人缺乏忠诚，他的其他能力就失去了用武之地——没有任何一个组织愿意使用一个缺乏忠诚的人。

忠诚有如下五项标准：

第一项标准：具有无私的奉献精神，在个人利益上不会斤斤计较。

第二项标准：勇于承担责任，有任务不推诿，工作出现失误不找借口。

第三项标准：总是站在公司的立场上开展行动，即使无人知道的情况下，也会主动维护公司利益。

第四项标准：绝不利用职权或职务之便为自己谋取私利。

第五项标准：忠诚不表现在口头上，而是拿业绩来证明自己是忠诚的。

一个人的忠诚之心表现为：

（1）忠诚于国家

苏霍姆林斯基说："忠诚于祖国，这是一种最纯洁、最敏锐、最高尚、最强烈、最温柔、最有情、最严酷的感情。一个真正热爱祖国、忠诚于祖国的人，在各个方面都是一个真正的人。"

在我国历史上，虽然有时世事不公，但像岳飞、于谦、林则徐等忠诚于国家的杰出人物，其高尚情操永远闪耀着光芒。这些人物虽曾蒙冤于一时，但最后还是得到了后人的公正评价，并受到后人的敬慕景仰。

（2）忠诚于家庭

家庭是一个避风港，是一个人工作之余休憩和恢复活力的地方。幸福的家庭是成功的基础，但是一定要切记，美好的家庭是自己用心营造出来的。

（3）忠诚于公司

有家公司因为对手公司业务的红火而担心自己被挤出市场，虽然他们想尽了办法扭转公司的劣势，但还是没有一个万全之策让自己在商界占有一席之地。怎么办呢？后来，他们终于通过关系，派人接近对手公司一名仓库主管，让他暗中出卖公司机密。这名主管在重金的诱惑下，利令智昏，将自己公司的内部机密，如产品库存数量、价格策略、营销渠道一一泄露了出去。在竞争中几个回合下来，原来那个欣欣向荣的公司节节败退，最后元气大伤而宣布破产。而它先前的对手，却借着它破产的东风稳步发展。这是一个典型的不忠诚的案例。这种不忠诚，就像一颗埋在办公室里的定时炸弹，只要时间到了，就会将办公室炸得片甲不留。因此，作为一位有职业道德的员工，工作中需要坚守的准则是：何事可为与何事不可为；做人需要坚守的信条是：绝不选择良心的堕落。

说到底，忠诚的最大受益人还是我们自己，因为它能给我们十大回报。这十大回报是：

第一大回报：让你的才华有一个施展的天地，忠诚的人从来不会怀才不遇。

第二大回报：获得公司、老板、上司、同事对你的信任。

第三大回报：让你有一个稳定的工作。

第四大回报：让你受到老板的重视，有机会成为老板重点培养的对象，从而获得晋升。

第五大回报：让你获得更多的物质回报。

第六大回报：让你分享公司的荣誉，并从内心深处体会到这份荣誉带来的快乐。

第七大回报：让你的能力、品质随着企业的发展而成长，让你的个人品德更具有价值。

第八大回报：让你在人才市场上更具竞争力，让你的名字更具含金量。

第九大回报：让你有更多的机会，忠诚的职员会被企业争相聘用，老板也总是乐意把更多的机会给忠诚的职员。

第十大回报：让你工作精益求精，成为专家级人物。

7. 自律才能获得人格高境界

古语中有"鼹鼠饮河，仅止满腹"之说，俗语中有"日有三餐，夜有一眠"之论。这些都说明了一个道理：人的一生在物质上并不需要太多。那么，要想获得人格高境界，自律才是根本。所谓自律，在伦理学上与"他律"相对，指主体的自觉的道德意识和实践，是反映道德水平的概念。

在生活中，我们常看到有人为了获取物质上的享受，不惜费尽心机，最终"机关算尽太聪明，反误了卿卿性命"。谁都愿意日子过得舒坦些，但有人把它和追逐物质利益等同起来。其实人所需要的并不多，但许多人即使明白，也难以遏止自己膨胀的欲望，他们为了追逐高水平的生活，把自己的人格境界降到了正常水平以下。

人格境界如何，是判断一个人的重要标准。一个人在物质方面追求太多，所追求的享受超出了自己所需，必然会降低自己的人格境界；而有较高人格境界的人，一般不会对物质生活过分讲究。

我们不难发现，一个人的物质生活如何，与他的人格境界关系不大。我们看到：在物质上追求太多的人，往往会迷失自我。由于降低了自己的人格，貌似聪明，实际上却十分愚蠢。

在当今社会的大背景下，一些人追求的已经不是人格境界的高低而是物质的丰厚。

这样做人更有魅力

是的，人格的确不能换来金钱。有些贪污腐化的人，想来他们一定"风流"过、"潇洒"过，一定认为自己了不起。他们之所以要收取大量贿赂，置人民利益和国家利益于不顾，想来不过是为了在生活上表现出自己的不同凡响，膨胀了的物欲使他们把人民赋予他们的权力当成"改善生活"的工具。待东窗事发，他们却丑态百出。这就是因为他们为了物欲而失去了做人的理性。

人一旦失去了理性，在生活上要求过高，必然要以降低人格境界为代价。许多聪明人之所以在人生的路上表现得十分愚蠢，大多是被物欲所惑，忘记了做人必须自律的结果。如果想使自己有较高的人格境界，首先要从对物质生活上的"低姿态"处理做起。物质生活的低姿态是建立在自律和自重基础上的。

自律要求人要自我约束。一旦放松了自律，就会"一篙松劲退千寻"。放任容易而自律难是人之常情。许多人对物质的过度追求，都是因放任自己而产生的。

自律是对人格的自我呵护。诚信而自律是人格修炼的起点，是做人立德的根基。一个人若不能诚实守信，缺乏对自我行为的责任感，就会在社会上四处碰壁、孤邻寡朋，甚至无法安身立世、做人成事。

鲁国国相公仪休嗜鱼，有人送鱼给他，他却坚决不收。有人不解地问他："你既然爱吃鱼，为什么不收送上门来的鱼呢？"

公仪休笑着说："我就是为了长久地有鱼吃，所以才不收别人送的鱼。"

这话很值得人玩味。公仪休不因为自己的喜好而降低了做人的境界。这样的人，无论在顺境还是在逆境都会有所作为。即使其生活十分清苦，也不会为了获得物质利益而忘记了对自身人格境界的追求。

8. 责任心：健全人格的基础

　　责任心是一个人在社会上为人处世的基本要求，也是为人的一种修养。清人王永彬在《围炉夜话》中说："人之足传，在有德不在有位；世所相信，在能行不在能言。"说明做人要有良好的道德约束和责任心。应当说，责任心可以养德，更可以树德。责任心一旦成为一种群体行为，形成气候，其含义就不仅仅是责任本身，更会形成一种社会精神。

　　由此可见，责任心是健全人格的基础，是能力发展的催化剂。责任心以认识作为前提。如果一个人心中没有是非标准，责任心就无从谈起。

　　内省是做人的责任。古人修身养性有"吾日三省吾身"之说。苏格拉底说，一个没有检视的生命是不值得活的。内省不仅是了解自己做了什么，最重要的是透过它了解自己真正的意图。柏拉图更进一步说，内省是做人的责任，没有内省能力的人不配做人。人只有透过自我内省，才能实现美德与道德。

　　作为人生理想而言，我们最一般的做人目标就是造福桑梓、积德行善，即不仅保持或培育良好的道德品质，还应当做一个对社会和人民有益的人。正如司马迁所说："人固有一死，或重于泰山，或轻如鸿毛。"如果一个人没有作为，没有在生活中发挥出他的价值，他的存在与否就没有太大区别。一个人的能力有大小，但只要愿意，每个人都会作出对社会有益的事。只有尽到了对社会的义务

这样做人更有魅力

和责任,对现实人生作出了独特的个人贡献,才算完成了做人的使命,得到人们的普遍尊重,从而实现做人的价值。

美国总统肯尼迪曾说:"不要问国家能给你什么,而要问你能为国家做点什么!"

"活在责任和义务里"这句名言是已故台湾著名国学大师耕云先生在台北和北京多所大学反复强调的一句话。他一再告诫学子:每个人都是社会的一分子,要尽到对社会的责任和义务;同时又是家庭的一分子,也要尽到对家庭的责任和义务。他说,如果我们每个人都能对社会和家庭尽到应尽的责任和义务,那么这个社会就少了许多纷争和掠夺,少了许多奸险和罪恶,而多了安定与祥和。

人生在世,就必须承担起属于自己的责任,履行属于自己的义务。主动承担责任的人会感到身上有一股无形的压力;有无形的压力就会具备谋求生活的动力;具备谋求生活的动力,就会有信心把自己的责任承担到底。同理,主动履行义务的人,就会一身正气,有力量把自己的义务履行到底。

有人说,责任感是创造一切的机会。要想抓住这种机会,就应该使现有的生命活在道义之中。

知识链接

《围炉夜话》中说:"人之足传,在有德不在有位;世所相信,在能行不在能言。"说明做人要有良好的道德约束和责任心。

9. 慎独做人

《礼记·中庸》里这样说："道也者，不可须臾离也，可离非道也。是故君子戒慎乎其所不睹，恐惧乎其所不闻，莫见乎隐，莫见乎微，故君子慎其独也。"这就是中国儒家思想中的"慎独"。意思是说，当一个人独处无人注意时，自己的行为也要谨慎不苟。

当没有他人监督时，要像在大庭广众之下一样有修养；要在那些细小的事情上做到固本守节，防止不道德或反道德行为的产生。

"慎"是慎独的核心。古人曰："凡百事之成也必在敬之，其败也必在慢之，故敬胜怠则吉，怠胜敬则灭，计胜欲则从，欲胜计则凶。"意思是说，一切事情能成功必定在于谨慎从事，会失败也必定在于怠慢松弛。在说话、行事之中要多个"慎"字，要思虑周详、小心谨慎，事无巨细考虑周到。无论有人、无人，为公、为私，事大、事小都要谨慎。为此，应三思而后行，慎而思之、勤而行之；应恭德而慎行，这样就不会败事，也不会后悔。说到底，慎独需要提高人的内在修养。

人要以不贪为宝。欲望在没有监督的情况下容易"走火入魔"。在众目睽睽之下，一般人都能够约束自己；当脱去了漂亮的"外套"独处时，往往肆无忌惮地放纵本性和私欲。所以，这时应特别注意压抑欲望的邪火，将不健康的欲望消灭于萌芽状态，这就是慎独。

在儒家的传统思想中，慎独是一种行之有效的修炼方法。首先必须内省。"内"指的是心灵，"省"就是自我审思。只要注重对自己的审思，就会渐渐地心境清

这样做人更有魅力

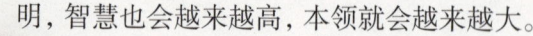

明,智慧也会越来越高,本领就会越来越大。

一个人如果能够不断地找寻自身,就会慢慢地剔除后天的屏障,还智慧以本来面目。

曾国藩以注重品行、为人圆通而著称于世,但也是经历了一生艰辛才磨练出来的。曾经,他也感到自己在修养方面存在着诸多弱点,在为人处世方面固执己见、自命不凡、一味蛮干。在经历了一段时期的自省之后,曾国藩在自我修养方面有了很大改善。乃至当他复出后,在为人处世上不再锋芒毕露,变得圆融通达起来。

慎独是一种内在的道德力量,是一种高度的自觉性。人的行为受之于内外两方面。外部环境是客观、被动、有条件的,个人意志往往难以改变;而内部环境(即人的主观世界)如行为动机、做人的良心、个人修养、思想道德、价值观念等是主观的,可以受个人控制。

几千年来,人们一直将慎独视为高尚美德,将正心修身作为人生第一要义。

当今,强调"慎独"显得尤为重要。要知道,若智慧用错了地方,潜能用过了头,缺少对方向的把握,都会走向反面。

有人权力大却自制力弱。譬如,有的官员可以将行贿送礼者堵在办公室门外,却堵不住家门,堵不住妻子、儿女那一关。有人一辈子严格自律,到了晚年却放松了对自己的要求,一世清白毁于蝇头小利,进了大狱、丧失晚节。在这种情况下,若不慎独就会"鬼迷心窍",滑向万丈深渊。

曾国藩在《正经》里这样说:"慎独则心安。自修之道,莫难于养心。"意思是说,自我修养没有比养心更难的了。所以慎独很重要。它既是道德自律的精神,又是道德修养的方法。该怎样慎独呢?要让所有角色身份都保持一致,不自欺亦不欺人。因此,无论身在何处,都要求自己的思想行为符合社会要求。做到了就是慎独。

10. 诚信可以行天下

几千年来，人们皆将"诚实"的品性当成做人准则。

荀子说："君子养心，莫善于诚。"程颐说："以诚感人者，人亦以诚而应；以术驭人者，人亦以术而待。"龚自珍说："鄙夫较量智愚间，何如一意求精诚。"

待人诚挚、真诚乃是人的优良品格，是值得提倡的处世哲学，是修身养性的良方。

公元前4世纪，意大利人皮斯阿司被判绞刑。临死前，他希望能与母亲见最后一面，因为不能给母亲送终了。

他的哀求被国王知道了，国王让他回家与母亲相见，条件是找到一个人来替他坐牢。

茫茫人海中，谁又会愿意冒险替一个死囚坐牢？有个叫达蒙的人站了出来，因为他相信皮斯阿司会回来。达蒙住进牢房后，皮斯阿司回家了。

人们等待着事态的发展。刑期快到了，皮斯阿司一直没有回来。

行刑日是个雨天。当达蒙被押到刑场时，人们都骂他是个傻子。追魂炮打响了，绞索套住了达蒙的脖子，达蒙挺起了胸膛，一副大义凛然的样子。胆小的人吓得闭上了双眼，许多人纷纷痛骂出卖朋友的皮斯阿司。

在寒冷的风雨中，皮斯阿司飞奔而来，喊道："我回来了！我回来了！"人们惊呆了，消息也传到了国王的耳中。国王根本不敢相信，于是亲自赶到刑场。

在刑场上，无数双眼睛似乎都在替皮斯阿司哀求着。于是国王亲自给皮斯阿司松了绑，并当众赦免了他。

这样做人更有 魅力

"无诚则无德"。一个没有诚意的人最终会被世人所识破,从而对其远避。信的基本要求和重要表现是履行诺言,但诺言必须符合于道义。

信与诚是统一的,信以诚为基础,能诚自然能信,离开诚就无所谓信。李白有诗云:"一诺许他人,千金双错刀。"说话算数,诚实不欺是交往得以进行的条件。何谓诚信?"一心一意做事"就是诚,"堂堂正正做人"就是信。

诚信是现代人际交往的"信用卡",也是维系人与人感情的"信誉链"。有了诚信,人际交往才会变得有序和有效。特别是在市场竞争异常激烈的今天,若想在人生舞台上站稳脚跟并崭露头角,更需要坚守住做人的诚信。

第二章 做人贵在品行

1. 真诚坦荡地做人

在不健全的社会中，小人比君子更易生存。但在健全发达的文明社会，君子则是社会发展的主要力量。因此，做个正人君子不仅是人们工作、生活的需要，还是内心道德和责任的需要。当然，做一个正人君子需要具有勇气和胆略，在现代社会中，不要幻想能在一夜之间就改变了旧有的思考方式与旧有习惯。如果你真想要得到内心的快乐，你就必须消除在你身上存在的种种自我挫败的思想和习惯，并付出艰苦的努力。

作为一个现代社会的正人君子，必须是一个消除了僵化、善于控制自己情绪的人，是会乐观地对待生活中的一切的人。无论做什么事情都很从容，从不浪费时间抱怨任何事情，也从不要求任何人或者任何事都是自己所希望的那样。热衷于生活，喜爱野餐、电影、书本、运动、音乐会、都市、农村、动物、山丘等几乎所有的一切。热爱生命，赋予生命实际的意义，喜爱一切有生命的植物、动物。尽管不喜欢疾病、干旱、虫灾、洪水等给人类带来危害的事情，但也不会浪费时间怨天尤人，如果这些状况必须改革的话，则会全心全意投入这项工作中去。把自己融入大自然中，和大自然同呼吸，共命运。

真诚地对人对己，不掩饰自己的感情，不对任何事情撒谎。虽然有很强的自尊心，但却不歪曲事实。自己主宰自己，也希望别人能够自我主宰，能够选择和决定自己的事情。从实际出发处理事情，而不是凭借偏见和猜测。

从不把责任归咎给别人，也不花时间议论别人。从不传播恶事，说长道短。

不会被困难所吓倒，衡量一个人的心理健康不在于是否发生问题，而在于发生问题时所作出的积极反应。总是精神振奋，过着充实的生活，是快乐的追求者，是真正把握了自己命运的人。

只要你决心追求，这种境界是完全可以达到的。为了能主宰自己，你要时刻告诫自己：你的情绪都来自你的思考，完全可以控制与选择自己的情绪；你的行为是受你的思想支配，没有人能取代你，你是属于你自己的。

知识链接

真诚地对人对己，不掩饰自己的感情，不对任何事情撒谎。自己主宰自己，也希望别人能够自我主宰，能够选择和决定自己的事情。

2. 对人切忌傲慢无礼

修养是做人的重要资本和技能。修养好不好不仅能看出一个人的受教育水平，更能折射出一个人的形象。

美国前总统富兰克林·罗斯福还是个心高气傲的年轻人的时候，曾在海军内的一个部门担任副官。而他的顶头上司是一位年长而和蔼的老人。他总是对罗斯福微笑着，尽管罗斯福常常对他显出傲慢无礼，甚至说他是个"老古董"。上司几乎对罗斯福的每一个意见都仔细地考虑和研究，对其略加改动后立即采纳。这令罗斯福愈感自信，并且对工作投入了极大的热情。他们的合作渐入佳境，老人依旧和蔼如故，罗斯福却逐渐改变了激进傲慢的性格。他感到有种力量在改变他，

这样做人更有 魅力

但他却不知那是什么。许多年之后，当他已不再是个毛头小子的时候总是不自觉地回忆起那段时光，老人的无私豁达让他时常为自己过去的行为自责。同时罗斯福也逐渐明白了老上司的良苦用心。

这就是修养的力量，这就是感人的力量。不要害怕承认在许多方面不如自己的下属；不要将一时的失误放在心头；在一些关键的时刻给予下属强有力的支持。领导者必须有足够的心胸做到这一点。

修养好的领导者在批评下属时，可以起到"此时无声胜有声"的作用。通常来讲，当领导者批评下属时，他的情绪波动是很大的。"你呀你，你看你怎么搞的，我不是早就告诉你了吗？你还……"每个人都有自尊心，成年后更是觉得面子是很重要的。也许领导者只是想苦口婆心地劝导下属一番，并无他意。但是无形中却伤了下属的自尊心，让他觉得颜面挂不住，索性产生了"破罐子破摔"的心理，那领导者的批评岂不是适得其反？若是领导者在适度的批评之后留出一个沉默的空间，相信这更是一种对当事人的威慑。一方面，下属会因为领导者的"点到而止"感谢领导者为他保持了颜面，另一方面也显示出了领导者宽广的胸怀。领导者的修养并非是对错误的迁就，而是留给了下属一个自省的余地。同时，也在下属面前树立了一个良好的形象。

3. 做人要志存高远

当我们把追求放到自己的生命至高点上时，就会觉得，什么困难都无法挡住我们前进的步伐。因此，凡是要做大事的人，首先立志就要高，不要让小事、琐事绊住自己，影响自己，束缚和毁掉远大的前程。

吕不韦是中国历史上秦国的丞相。吕不韦在赵国邯郸做生意的时候，认识了当时在赵国做人质的秦孝文王的儿子异人。

吕不韦问父亲："种田的利润有几倍？"

他的父亲回答："十倍。"

吕不韦接着问："那么买卖珠宝有几倍利润？"

他的父亲说："百倍。"

吕不韦最后问道："那么经营国君呢？"

父亲想了想说："恐怕万倍都不止啊！"

吕不韦就说："如今我们每年辛苦种田，却得不到温饱；苦心经商，只是不愁衣食罢了。若能扶持一个君王建立国家，那么我们得到的利益将无穷无尽，还可以传给子孙后代，我现在决定做这个一本万利的生意！"

在吕不韦的努力下，异人即位做了秦王，而吕不韦也一步登天，做了秦国的丞相，权倾天下。

立志当立天下志，求名当求万世名。我们的志向，就应该有吕不韦经营天下的气魄。男儿志在四方，不应该畏畏缩缩安于现状，要努力去闯出一番自己的事业来，扬名天下。

一位记者，曾问一个西北贫困地区放牛的孩子："你放牛做什么？""挣钱。""挣钱做什么？""娶媳妇。""娶媳妇做什么？""生娃。""生娃后再做什么？""放牛。"

还有一个真实的故事。一个贫穷的农夫，领着两个孩子放牛，弟弟望着天

上飞过的大雁说:"我们要是像大雁那样会飞就好了。"

父亲说:"只要想飞,就能飞上天!"兄弟俩都去学大雁飞,当然都没有飞起来。

父亲对他们说:"你们还小,将来经过努力,你们一定能飞起来!"后来,他们果然飞上了蓝天,他们就是美国的莱特兄弟。

两个故事的主人公反差强烈的原因就是,他们的志向有着天壤之别。志向远大的人会产生出天赋神授一般的精神力量和旺盛斗志。失败与挫折、暂时的困境更能激发起他们潜在的巨大勇气,鼓励他们去克服困难,战胜自我,并最终能够成功。

美国总统林肯认为:"喷泉的高度不会超过它的源头,一个人的成就绝不会超过自己的理想。"

中国也有这样一句话:"取乎上,得乎中;取乎中,得乎下。"这就是说:假如目标定得很高,取乎上,往往会得乎中;而把目标定得很一般,很容易完成,取乎中,却反而会得乎下了。任何事情在操作过程中往往是要打折扣的,因此,人必须有很高的志向,这是把事情办好的一个重要前提。

几千年前的一天,在渭水北岸,有位悠然垂钓的老人,一个坐马车路过的人问他:"老先生钓到鱼了吗?"

老人回答说:"什么有没有钓到?你问的未免太浅薄了,我是在想国家大事呀!钓一条小鱼就得意忘形,那只是小人的行径,而我要钓的鱼和他们的大不相同。"

这样的回答让马车上的人马上下来,毕躬毕敬地对老者说:"先生正是我梦寐以求的老师啊!"随即在老人的背后深深地鞠躬。马车上的人就是周文王,而老人正是助周兴业八百年的姜太公。

凡夫俗子偶有小成就会得意忘形,好像已经称霸天下一样,总是摆脱不了小家子气。如果能像姜太公那样沉着冷静,志向高远,就是钓不了天下,也能收获成功的人生。

4. 低调做人

低调做人，用俗话说就是"不显山不露水"，面对功名利禄顺其自然，淡泊处之。

唐朝大将郭子仪一生活得像模像样，有头有脸，究其实就得益于这四个字："低调做人"。

功高权重的郭子仪，被宦官们视为眼中钉。代宗大历二年十月，正当郭子仪领兵在灵州前线与吐蕃军拼杀的时候，鱼朝恩却偷偷派人掘了他父亲的坟墓。当郭子仪从泾阳班师回朝时，朝中君臣都捏了一把汗，怕他回来不肯和鱼朝恩善罢甘休，会闹得上下不安。郭子仪入朝的那一天，代宗主动提了这件事，郭子仪却躬身自责，说："臣长期带兵打仗，治军不严，未能制止军士盗坟的行为。现在，家父的坟被盗，说明臣的不忠不孝已得罪天地。"君臣们听了，都由衷地佩服郭子仪坦荡的胸怀。

郭子仪心里明白，自己功劳越大，麻烦就越大，就是当朝皇帝代宗，也会对自己有所顾忌。所以他处处谨慎小心，以求自保。每次代宗给他加官晋爵，他都恳辞再三，实在推辞不掉，才勉强接受。广德二年，代宗要授他"尚书令"，他死也不肯，说："臣实在不敢当！当年太宗皇帝即位前，曾担任过这个职务，后来几位先皇，为了表示对太宗皇帝的尊敬，从来没有把这个官衔授给臣子，皇上怎能因为偏爱老臣而乱了祖上规矩呢？况且，臣才疏德浅，已累受皇恩，怎敢再受此重封呢？"代宗没办法，只得另行重赏。

郭子仪以豁达大度和深谋远虑，得以保全自己。他位极人臣，满堂儿孙，享尽了人间荣华富贵。

有一出戏叫做《打金枝》，其中代宗曾对公主说："你公公（郭子仪）若想当皇帝的话，还真轮不到我们老李家！"可见郭子仪功高盖世，但他深知官与钱不能都一人独得。适当的时候要表现得低调一些，为别人提供点方便也是理所当然的事。

5. 做人莫口是心非

今天，人们在交往中有一种普遍的心理：那就是对别人特别容易产生不信任感。造成这种心理的原因之一大概是生活中口是心非的人太多了。口是心非，毫无疑问，就是表面上说得天花乱坠，而内心则全非如此；表面上百依百顺，而实际上则是我行我素；嘴里说着赞誉之词，而内心则满是不屑……试想一下，如果长期生活在这些人当中，吃过几次亏之后，不论是谁都会增强戒备之心，对他人的话加上几个问号。但是话又说回来，如果每个人都变成了这样，都像戴着一副面具那样，那生活还有什么意思呢？人与人之间的真诚、友爱都到哪里去了呢？所以说，我们每一个人，要努力去扭转这个局面，要学会真诚，切不可做个口是心非的人。

口是心非，对别人不真诚，会使人失去许多宝贵的东西。就像上面说的，一个人嘴不对心，表里不一，人前一面，人后一面，反过来，别人对他也会如此。

第二章 做人贵在品行

仔细想一想,这样的生活还会觉得有意思吗?每天都要去琢磨别人讲的每一句话,哪句话是真的,哪句话是假的,时间会在眼前无声无息地流逝掉,生活中其他的事就会无暇顾及。

口是心非的人最善于勾心斗角。因为他每天都在考虑如何表面应付别人,行动上又如何去算计别人。与这种人相处是非常危险的。因为你不知道他心里到底是怎么个想法。

在文学史上,《伪君子》中的答尔丢夫是个口是心非的最典型的代表,他已成为"伪善、故作虔诚的奸徒"的代名词。他表面上是上帝的使者,是个虔诚的教徒,而实际上则是个色鬼,是个贪财者;他表面上对奥尔贡一家恭维,而实际上则用最卑鄙的手段去谋害这一家人。可以说他是个表面上好话说尽,实际上则是坏事做绝的最无耻、最卑鄙的男人。但是他最终的结局呢?他的这一套无耻的手段终于被人识破,西洋镜最终被人揭穿,他成了万人唾弃的小人。他整天忙于算计别人,最终倒把自己推进了万丈深渊。

口是心非与虚伪可以说是等同语。因为口是心非的人为了掩饰自己内心的想法,必然要用谎言去应付别人。谎言说多了,被别人识破了,他也就成了一个虚伪的人。只要有点自尊心的人都是不愿被别人称为"伪"人的。一旦在别人的心目中是个虚伪的人,那生活将是很痛苦的,到处是不信任的眼光,到处是不信任的口吻,转过身来人们对他应付一下,转过身去他将成为众矢之的,那滋味真是难受极了。

口是心非或说谎,即使它可能在某些场合发挥作用,但其罪恶是远远超过其益处的。经常口是心非或说谎,绝不是高尚的人而是邪恶的人。当然,一个人不可能一下子就变坏。一个人起初也许只是为了掩饰事情的某一点而做一点伪事,但后来他就不得不做更多的伪事,说更多的谎话,以便于掩饰与那一点相关联的一切。

总结起来,做伪事说谎话、口是心非大概出于以下几种目的:其一是为了迷

这样做人更有 魅力

惑对手，使对方对自己不加防备，以便达到自己的目的；其二是为了给自己留一条退路，这也是为了保全自己，以便再战；其三嘛，则是以谎言为诱饵，探悉对手的意图，这种人是最危险的。也许，这些目的有的可能不算作太恶。但作为口是心非者，其说谎或作伪的害处却是很大的。首先，说谎者永远是虚弱的，因为他不得不随时提防被揭露，就像一只伪装成人的猴子一样，他要时刻防备被人抓住尾巴；其次，口是心非者最容易失去合作者，因为他对别人不信任、不真诚，别人也就以其人之道还治其人之身；最后，也就是最重要的一点：口是心非者终将失去人格，毁掉他人对他的信任。世界上恐怕没有比失去人格更可悲的事了。

因此说，做人就要做个真诚的人，要言行一致。"口声之，身必行之。"墨子这句话是很对的。对待别人要诚实，不要两面三刀。林肯讲过："你能在所有的时候欺骗某些人，也能在某些时候欺骗所有的人，但你不能在所有的时候欺骗所有的人。"是的，在工于心计、算计别人中度过一生，是不可能的，同时也是很累、很痛苦的事。坦诚地做人，用一颗真诚的心去对待别人，千万不要做一个口是心非的人。

6. 要勇于承认错误

承认错误虽然是一件好事，但愿意承认错误的人终究很少。心理学家高伯特说："有的人死爱面子，只有在不关痛痒的旧事情上才'无伤大雅'地认错。"

既然认错的人如此之少，而争辩的目的也不外是想显出别人是错的，所以争辩就很不必要。"把一种面临争辩的事情暂且搁下"，你不要小看这拖延的措施，它可以产生一种意想不到的功效。那就是，让别人有机会去反省自己的错误。如果错误确属自己,那么下一次你就要有所纠正,即使你嘴上没有承认错误。但这是不需要的,因为我们不一定听见别人念念有词地说:"我错了,我错了。"

许多人不愿承认自己的过错,这是避免麻烦心理的一种自然反应。而有些人是知道自己有错而不愿承认错误,认为承认自己的错误是一件很丢脸的事情。然而事实上,能承认自己错误的人,往往会得到朋友的谅解,并给人以谦恭有礼、勇于负责的良好印象。有趣的是,当你勇于承认错误时,别人为了减轻你的不安,反而会不自觉地为你辩护。

一位副经理曾经错误地批准给一位请病假的员工发全薪。他发现这个错误之后,就主动地跑到经理那里承认。他回忆说:"我走进他的办公室,告诉他我犯了一个错误,然后把整个情形告诉了他。他大发脾气,说这应该是人事部门的错误,但我重复地说这是我的错误;他又大声地指责会计部门的疏忽,我又解释说这是我的错误;他又责怪办公室另外两位同事,但是我一再地说这是我的错误。最后他看着我说:'好吧,这是你的错误。现在把这个问题解决掉吧。'这个错误后来改正过来了,而没有给任何人带来麻烦,因为我有勇气不去寻找借口。从那以后,经理就更加看重我了。"

勇于主动承认错误,本身就表现了一个人的勇气与责任感。对于自己的缺陷或做事的不足之处,首先就让对方了解,往往会收到意想不到的效果,会更能赢得对方的好感与信任。

经营房地产推销的哈默先生,有一次承担了一项艰巨的推销工作。因为他要推销的那块土地紧邻一家木材加工厂,电动锯木的噪声使一般人难以忍受,虽然这块土地接近火车站,交通便利,但却无人问津。

哈默先生想起有一位顾客想买块土地,其价格标准和这块土地大体相同,而且这位顾客以前也住在一家工厂附近，整天噪声不绝于耳。于是，哈默先生拜访了这位顾客。

"这块土地处于交通便利地段，比附近的土地价格便宜多了。当然，之所以便宜自有它的原因，就是因为它紧邻一家木材加工厂，噪声比较大。如果您能容忍噪声，那么它的交通地理条件、价格标准均与您希望的非常相符，很适合您购买。"哈默先生如实地对这块土地进行了认真的介绍。

这位先生去现场参观考察，结果非常满意。他对哈默先生说："上次你特地提到噪声问题，我还以为噪声一定很严重，那天我去观察了一天，发现那里噪音的程度对我来说不算什么。我以前住的地方整天重型卡车来来往往，络绎不绝，而这里的噪声一天只有几个小时，所以我很满意。你这人真老实，要换上别人或许会隐瞒这个缺点，光说好听的，你这么坦诚，反而让我放心。"

就这样，哈默先生因为勇于说出商品的不足而顺利地做成了这笔难做的生意。

当有理的时候，就要试着温和地、有技巧地使对方同意自己的看法；而当自己错了，就要迅速而真诚地承认。因为用争斗的方法，绝不会得到满意的结果，但用让步的方法，收获会比预期的高出许多。

7. 谦虚地听取忠告

我们每一个人都不可能获得这个世界上所有的知识，这时谦虚地听取别人的忠告则是提高自身最好的方法了。

罗斯福总统打猎的时候，会去请教一个猎人，而不是政治家；正如他有政治问题的时候，会去请教一个政治家，而不是一个猎人一样。

有一次，罗斯福和猎人麦利同时看见了一群野鸡，罗斯福便追着去打。

"不要打。"麦利冲他喊道。

罗斯福对这一劝告毫不理会。当他的眼睛正盯着野鸡的时候，忽然从树丛中跑出了一头狮子，从他面前掠过。罗斯福想拿出他的手枪，可是已经太迟了，幸亏麦利及时赶到，否则罗斯福的命可能都没了。

麦利责骂罗斯福是个头等的傻子，并以命令的口吻说道："我每次叫你不要打的时候，你就要站着不动，懂吗？"

罗斯福安然地忍受着麦利的责骂，因为他明白麦利所说的是完全正确的。日后他每次打猎都会认真地服从猎人的命令，因为他知道猎人在打猎方面比自己具有丰富的经验。

一个电影明星的演技或许是无可挑剔的，但是如果让他来评判剧本的好坏，恐怕只会糟蹋了那个剧本。同样，一个正直诚实的教师在教学方面成绩卓著，但是如果要他证明某种药品的好坏，恐怕也没有人能够相信他的判断。总之，人们总是会寻找专业领域的人士获得有关专业方面的知识和劝告，这样才会得到有益的帮助。

一个人的人格好，并不代表其对于任何事物都有证明的资格。然而，在请教别人时最容易走错的路，就是总是找那些心中觉得舒服的人，并且要那些人说谁是正确的。也就是说，通常在向人求教时，并不是想追求真正的智慧，或是利用他人已有的经验，而不过是想让别人肯定自己的结论。如果得不到这种肯定，仍会按照自己的计划行事。

这并不是我们所说的谦虚。谦虚的态度应是无论你的感觉好坏，最重要的是求得真理，获取

有价值的经验。虽然你可以找到某些赞同你的人，获得你所需要的肯定。然而，你却不知道你的看法是不是有可行性，有没有与真理接近。因此，要养成一种对于别人的意见虚心接受的态度，使判断与感觉的好坏无关。

在接受忠告后，也要进行一番判断，然后再决定是接受还是拒绝。一旦接受了忠告，却把事情做错了，也不要责怪别人，因为接受忠告也是经过了自己的判断。如果一味地把责任归咎到他人身上，以后恐怕再也没有人敢给你提出意见和建议了。

要愉快地接受忠告，以谦虚的态度去对待它，以谨慎的态度去执行它，并要具有容人之量，从中完善自身，让自己成为更受欢迎的人。

8. 学会制怒

人的情绪中有两大暴君（愤怒与欲望）与单枪匹马的理性抗衡，感性与理性对心理的影响相反，人的激情远胜于理性。一个人必须学会自我调控，高情商的重要标志是：学会制怒，不轻易受到伤害。

在愤怒时千万要注意两点：第一不可恶语伤人，这不同于一般的对事情发牢骚，而是会给别人留下深深的伤害；第二不可因愤怒而轻易泄露他人的隐秘，这会使你不再被信任。总之，无论在情绪上怎样愤怒，但在行动上却千万不能做出无可挽回的事来。受伤害后最好的制怒之术是等待时机，克制忍耐，把复仇的希望寄托于将来。

第二章 做人贵在品行

有一个小男孩，常常无缘无故地发脾气。一天，他父亲给了他一大包钉子，让他每发一次脾气都用铁锤在他家后院的栅栏上钉一颗钉子。

第一天，小男孩共在栅栏上钉了37颗钉子。

过了几个星期，小男孩渐渐学会了控制自己的情绪，每天在栅栏上钉钉子的数目逐渐减少了。他发现控制自己的坏脾气比往栅栏上钉钉子要容易得多了……最后，小男孩变得不爱发脾气了。

他把自己的转变告诉了父亲。他父亲又建议说："从今天起，如果你一天没发脾气就从上面拔一颗钉子下来。"小男孩照着父亲的要求做了。终于，上面的钉子全拔完了。

父亲拉着他的手来到栅栏边，对他说："儿子，你做得很好。但是，你看一看那些钉子在栅栏上留下了那么多的小孔，栅栏再也不会是原来的样子了。当你向别人发过脾气之后，你的言语就像这些钉孔一样，会在人们的心灵中留下疤痕。无论你说多少次对不起，那伤口都会永远存在。"

我们对人所造成的伤害，再多的弥补往往也无济于事，宁可事前小心，而不要事后悔恨。所以在生气的时候，不管怎样总要留下退一步的余地，以免做出无法挽回的事情来。

在现实生活中，有人只顾一时的口舌之快，有意无意地对他人造成了伤害，殊不知这些伤害就像钉孔一样，也许永远都无法弥补。

愤怒是情绪中可怕的暴君，愤怒行为会伤害他人，也会伤害自己。培根说："愤怒，就像地雷，碰到任何东西都一同毁灭。"如果一个人不注意培养交往中必需的情商，培养自己忍耐、心平气和的性情，一碰到"导火线"

就暴跳如雷，情绪失控，即便有再好的人缘，也会因此全部被"炸"掉。

　　心理学认为，生气是一种不良情绪，是消极的心境，它会使人闷闷不乐，低沉阴郁，进而阻碍情感交流，导致内疚与沮丧。有关医学资料认为，愤怒会导致高血压、胃溃疡、失眠等。据统计，情绪低落、容易生气的人，患癌症和神经衰弱的可能性要比正常人大。同病毒一样，愤怒是人体中的一种心理病毒，会使人重病缠身，一蹶不振。可见愤怒对人的身心有百害而无一利。

　　怒气似乎是一种能量，如果不加控制，它会泛滥成灾；如果稍加控制，它的破坏性就会大减；如果合理控制，甚至可能有所创益。

知识链接

　　愤怒是情绪中可怕的暴君，愤怒行为会伤害他人，也会伤害自己。培根说："愤怒，就像地雷，碰到任何东西都一同毁灭。"

第三章
做人要学会取舍

1. 最佳选择的黄金法则

鲁迅先生说过:"时间就像海绵里的水,挤一挤总是会有的。"不要总是感叹属于自己的时间是那么少,其实是不懂得如何选择。"时间就是金钱"的观念早已深入人心,而对于现代人来讲,做好时间管理不仅意味着丰厚的经济利益,更能令事业突飞猛进。

(1)保持焦点

一次只做一件事情,一个时期只有一个重点。聪明人要学会抓住重点,有的放矢。应该把精力用在最见成效的地方,所谓"好钢用在刀刃上"。

美国企业家威廉·穆尔在为格利登公司销售油漆时,头一个月仅挣了160美元。

他仔细分析了自己的销售图表,发现他80%的收益来自20%的客户,但是他却对所有的客户花费了同样的时间。于是,他要求把他最不活跃的36个客户重新分派给其他销售员,而自己则把精力集中到最有希望的客户上。不久,他一个月就赚到了1000美元。穆尔从未放弃这一原则,即80/20原则,这使他最终成为了凯利—穆尔油漆公司的主席。

(2)现在就做

许多人习惯于"等候好情绪",即花费很多时间以"进入状态",却不知状态是干出来而非等出来的。请记住，栽一棵树的最好的时间是二十年前，第二个最好的时间是现在。

（3）不得不走

要学会限制时间，不仅是给自己，也是给别人。不要被无聊的人缠住，也不要在不必要的地方逗留太久。一个人只有学会说"不"，他才会得到真正的自由。

（4）避开高峰

避免在高峰期乘车、购物、进餐，可以节省许多时间。

（5）巧用电话

要尽量通过电话来进行交流，沟通情况，交换信息。打电话前要有所准备，通话时要直奔主题，不要在电话里说无关紧要的废话或传达无关主题的信息与感受。

（6）成本观念

在生活中，有许多属于"一分钱智慧几小时愚蠢"的事例。如为省两元钱而排半小时队，为省两毛钱而步行三站地等，都是极不划算的。对待时间，就要像对待经营商品一样，时刻要有一个"成本"的观念，要算好账。

（7）精选朋友

多而无益的朋友是有害的。他们不仅浪费你的时间、精力、金钱，也会浪费你的感情，甚至有的"朋友"还会危及你的事业。要与有时间观念的人和公司往来。

（8）避免争论

无谓的争论，不仅影响情绪和人际关系，而且还会浪费大量时间，到头来却往往解决不了什么问题。说得越多，得到的越少，聪明人在别人争论不休或面红耳赤时常常已着手处理问题。

（9）积极休闲

不同的休闲会带来不同的结果。积极的休闲应该有利于身心的放松、精神的陶冶和人际的交流。

这样做人更有 魅力

（10）集腋成裘

生活中有许多零碎的时间很不为人注意，其实这些时间虽短，但却可以充分利用起来做一些事情。比如等车的时间可以用来思考下一步的工作，翻翻报纸乃至记几个单词。

（11）提前休息

在疲劳之前休息片刻，既避免了因过度疲劳导致的超时休息，又可使自己始终保持较好的"竞技状态"，从而大大提高工作效率。

（12）搁置的哲学

不要固执于解决不了的问题，可以把问题记下来，让潜意识和时间去解决它们。这就有点像踢足球，左路打不开，就试试右路，总之，尽量不要"钻牛角尖"。

2. 不同的人有不同的选择

在人生奋斗中，不慎跌倒并不表示永远的失败，惟有跌倒后，失去了奋斗的勇气才是永远的失败。我们若以平常心观之，失败本身也就不足为奇了。一个人若没有经历过失败，他就难以尝到人生的辛酸和苦涩，难以认识到生命的底蕴，也就不可能进入真正宁静祥和的境界。

其实，通向成功的路绝不只是一条，不同的人可以选择不同的路，成功与否，往往不在于对道路的选择，而在于一旦选定了自己的路，便不再彷徨。所以，能否到达心中的目标，首先取决于对脚下道路的信任。

当然，我们并不是说执着不好。

女娲补天、夸父追日、精卫填海、愚公移山、大禹治水、卧薪尝胆的勾践、闻鸡起舞的祖逖，面壁静修的达摩，程门立雪的杨时……这些执着的故事不老，人物不死。"咬定青山不放松"，"百折千磨志不改"，"衣带渐宽终不悔"，"不到长城非好汉"……这些执着的佳句不朽。

"执着"的骨子里有一种素质：一种激情如火的素质，一种追根求源的素质，一种苦行僧式的素质，一种认准了目标死不回头的素质，一种固执己见永不迎合他人的素质，一种酷爱偏激的素质。具备这种素质的人常常创造出人间奇迹。弗洛伊德、拿破仑、贝多芬、梵高，还有吉尼斯世界大全中所记载的诸多人物，不能不承认所有这些大大小小的人物使我们这个世界变得有声有色。他们的性格中明显有着共同的一点，即执着。他们执着地将他们热爱的某项事业推向极致，什么也阻止不了他们——除了自身的死亡。可是，请记住，执着的梵高选择了绘画，却放弃了人生的荣华，执着的贝多芬选择了音乐，却拒斥了宫廷的御用。

执着并不是你将整个世界抓在手里，当你执着于一种东西时，你同时便选择了放弃另一种东西。执着的前提是你知道了你要选择什么。学会放弃、善于放弃并不是执着的对立面。

3. 天才选择给自己铺路

天才之路都是用爱心铺成的，这条路上有天才自己的一颗爱心。

在巴西里约热内卢的一个贫民窟里，有一个男孩，他非常喜欢足球，可是又买不起，于是就踢塑料盒，踢汽水瓶，踢从垃圾箱里拣来的椰子壳。他在巷口踢，在能找到的任何一片空地上踢。

有一天，当他在一个干涸的水塘里踢一只猪膀胱时，被一位足球教练看见了，他发现这个男孩踢得很是那么回事，就主动提出送给他一个足球。小男孩得到足球后踢得更带劲了。不久，他就能准确地把球踢进远处随意摆放的一只水桶里。

圣诞节到了，男孩的妈妈说："我们没有钱买圣诞礼物送给我们的恩人，就让我们为我们的恩人祈祷吧。"

小男孩跟妈妈祷告完毕，向妈妈要了一把铲子跑了出去，他来到教练住的别墅前的花圃里，开始挖坑。

就在他快挖好的时候，从别墅里走出一个人来，问他在干什么。小男孩抬起满是汗珠的脸蛋，说："教练，圣诞节到了，我没有礼物送给您，我愿给您的圣诞树挖一个树坑。"

教练把小男孩从树坑里拉上来，说："我今天得到了世界上最好的礼物。明天你到我的训练场去吧。"

3年后，这位17岁的男孩在第六届世界杯足球赛上独进6球，为巴西第一次捧回金杯，一个原来不为世人所知的名字——贝利，随之传遍世界。

4. 信誉与荣誉的选择

要在信誉与荣誉之间进行取舍，就更可以看出一个人品行的好坏。历史上，为谋求一己之私而不顾信义的，不乏其人，这种人只能给自己留下千古骂名；但能不计个人荣辱而取信于人的，也大有人在。这类人把个人的荣辱看得很淡，即便由于意外的原因而无法立信守信时，他们也会于心不安而深深自责。

20世纪初英国妇孺皆知的军事将领托马斯·爱德华·劳伦斯，长期转战于阿拉伯国家，后来却由于英国当权集团的原因，使他失信于阿拉伯人民。因而他深感良心有愧，拒绝接受英王的授勋，并且自动退出政治舞台隐姓埋名。他的品行，曾得到丘吉尔的高度评价。

劳伦斯一生与阿拉伯世界结下了不解之缘。他曾几次去中东，进行过考古工作和勘测工作，对中东风情作了详细的了解。后来由于战争的需要，加上他对阿拉伯风土人情的丰富知识，劳伦斯被派去中东，协助英国政府扶植由侯赛因父子建立的傀儡政权。从此，劳伦斯踏上了中东沙漠游击战争的舞台，并一举成名。

长年的沙漠游击战，使劳伦斯完全适应了纯粹的阿拉伯游牧战斗生活。他与阿拉伯人民并肩作战，为推翻土耳其奥斯曼帝国对阿拉伯地区四百年的统治，建立了不可磨灭的功勋，深受阿拉伯人民的信任。而劳伦斯也一直向侯赛因父子保证：整个阿拉伯地区在战后将组成一个统一独立的国家。这使阿拉伯人民对他寄予厚望。

谁知在战争结束后，英国政府却与法国达成秘密协议，对阿拉伯人民实行分而治之。这个协议使劳伦斯震惊，他痛感自己被出卖而失信于阿拉伯人民，因此，他断然拒绝接受英王的授勋，并主动退出了政治舞台。

劳伦斯本来就十分厌恶扬名，加上内心受到的谴责，便过起了隐姓埋名的生活。可是，许多专门猎取名人轶闻的记者对其穷追不舍，劳伦斯只好几易其名并专心于写作。后来在一次车祸中，劳伦斯失去了生命。

劳伦斯的一生，以其建立的战功令人瞩目，而他那因失信（虽然不是他自己造成的）而自责，对名利不屑一顾的品德，更加受到世人的称赞。在劳伦斯

这样做人更有 **魅力**

的葬礼上,丘吉尔曾流着眼泪说过这样一句话:"我们这个时代最伟大的英国人走了!"

5. 敢于选择勇往直前

凡是在激烈竞争中出类拔萃、脱颖而出的强者,无一不是敢于选择勇往直前,追求卓越,超越自我的勇者。

柏林是美国历史上著名的作曲家之一。他刚出道时,一个月只能赚120美元。而当时的奥特雷在音乐界早已是大名鼎鼎,如日中天。

一流人才能够识别一流人才。奥特雷非常欣赏柏林的才华,于是问柏林:"你愿意不愿意做我的秘书,薪水800美元左右。"

紧接着,奥特雷又开诚布公地告诉柏林:"如果你接受的话,就只能成为一个二流的奥特雷;如果你坚持不懈地努力,总有一天会成为一个一流的柏林。"

柏林面临着人生与事业的重大选择,面临着在一流与二流之间的重大选择。如果选择二流,可以说是背靠大树好乘凉,能够生活得既舒适又滋润;如果选择一流,那将投入艰苦的奋斗、顽强的拼搏与激烈的竞争。柏林思之再三,决定选择"成为一个一流的柏林"。

一个人为之奋斗的目标越高、越实际,他的潜能挖掘得就会越充分,他的才能就会发展得越迅速,他对社会的贡献也就会越大。后来，柏林经过艰难的努力，如愿以偿地成为那一时代美国最著名的作曲家之一。

6. 选择小事成就大业

无论大事小事，关键在于你的选择，只要选择对了，你的小事也就成了大事。

在我们通常的印象中，擦鞋绝对是一个难登大雅之堂的职业，如果有人以此终生为业，那他一定不会有多大的出息。实际上呢？我们却想错了，一个名叫源太郎的日本人，就是凭借擦鞋，从而成就了自己辉煌的人生。

多年前，身为化工厂工人的源太郎失业了。一个偶然的机会，他从一位美国军官那里学会了擦鞋，他很快就迷上了这种工作，只要听说哪里有好的擦鞋匠，他就千方百计地赶去请教、虚心学习。日子一天天地过去了，源太郎的技艺越来越精湛。他的擦鞋方法别具一格：不用鞋刷，而用木棉布绕在右手食指和中指上代替，鞋油也自行调制。那些早已失去光泽的旧皮鞋，经他匠心独运的一番擦拭，无不焕然一新，光可鉴人，而且光泽持久，可保持一周以上。更绝的是，凭着高深的职业素养，源太郎与人擦肩而过时，便能知道对方穿何种鞋；从鞋的磨损部位和程度，他可以说出这个人的健康和生活习惯。他的精湛技艺，打动了东京一家名叫"凯比特东急"的四星级饭店，他们将源太郎请到饭店，为饭店的顾客擦鞋。

令人惊讶的是，自从源太郎来到"凯比特东急"之后，演艺界的各路明星一到东京便非"凯比特东急"不住；一向苛刻挑剔的明星们对此情有独钟的原因非常简单，就是享受一下该店擦鞋的"五星级服务"。当他们穿着焕然一新的皮鞋翩然而去时，他们的心里深深地记下了源太郎的名字。

源太郎炉火纯青的技术、一丝不苟的精神和非同凡响的擦鞋效果，为他赢得了众多顾客的青睐。他的老主顾不只来自东京、京都、北海道，甚至还有香港、新加坡等地。在他简朴的工作室内，堆满了发往各地的速寄纸箱。如今的源太郎，早已成为"凯比特东急"的一块金字招牌。

源太郎的努力，为他自己创造出一份辉煌的业绩。事实上，只要我们用心去做，哪一件小事不能成就大业呢？

7. 绝不放弃万分之一的可能

如果你肯为自己的创意奋力拼搏，则机会随时都会在你身边。把握机会，可以加速你的成功。

无论你听过的成功故事属于哪一种，一定会发现故事的主人公都是懂得把握机会的人，他们的人生充满着冒险奋斗的传奇性故事色彩。人生各个阶段当中，最适合冒险的阶段，就是精力旺盛，对世界充满好奇，又无家计之累的年轻时代。这个阶段若不冲刺，年纪再大一点时恐怕就没有那份冲劲了！

摩洛·路易士的非凡成就来自两次成功的拼搏，一次在二十岁，另一次在三十二岁。

摩洛在十九岁时随家人一起搬到纽约。在此之前，他的生活已是多彩多姿，比一般人丰富得多。由于家人都爱好音乐、戏剧，在这种环境的熏陶之下，几乎所有乐器摩洛都能演奏。他是一般人眼里的天才儿童——不到十岁，他便指挥过交响乐团；十二岁时，他从事鸡蛋买卖，做得有声有色，雇有十六名少年为他工作；到了十四岁，他独立组织了一支舞蹈团；高中毕业之后，他又投身新闻界担任一名记者，与许多新闻界的老前辈像班·希特、查尔斯、马尔沙等人一起工作；十九岁时，他获得音乐奖学金。

在纽约，他在 Veiw 广告公司找到一份一周 14 美元的差事。针对当时的情景，摩洛曾回忆道："那时候我经常跑外勤，工作非常忙碌，成天像发疯似的，日子也过得特别快。六点下班后，我还到哥伦比亚大学上夜班，主修广告。有时候，由于工作尚未做完，所以下课后，我还会从学校赶回办公室继续做未完成的工作，从十一点一直工作到第二天凌晨二点。"

摩洛非常喜欢需要创意的设计工作，而他也的确做得有声有色。

十岁时，摩洛放弃了在广告公司内颇有发展前途的工作与旁人梦寐以求的职位而决心自己创业。这便是他人生中的第一次拼搏。他完全投身于未知的世界，从事创意的开发。结果，成绩令人满意。

他的创意主要是说服各大百货公司、CBS 电视公司成为纽约交响乐节目的共同赞助人。摩洛本人认为此法十分可行：一方面，当时的百货公司业绩都不好，都希望能借助广告媒体提高形象与销售成绩；另一方面，在纽约，交响乐节目的听众有一百万人，十分值得投资。于是，摩洛便立于其间帮两边联系。

这种性质的工作对当时的人来说相当陌生，所以做起来困难重重，而且，同时说服许多家独立的百货公司，分别采纳各公司的意见而加以整合，这种事过去从未有人完成过，更别说要他们拿出几百万美元的资金来。所以，一般人预认他不可能成功。

尽管如此，摩洛仍然十分卖力地进行说

服工作。他做得相当成功：一方面，他的创意得到认同，使他与许多家百货公司签订了合约；另一方面，他向CBS电台提出的企划案也顺利被接受，此后的十个星期，他干劲十足地与电台经理一同开展了一连串的广告活动。更值得注意的是，这段期间内他没有任何收入。

计划眼看着就要步入最后成功的阶段，但由于合约内某些细节未能达成而终告流产，他的梦也随之破灭。但"塞翁失马，焉知非福"。此事结束之后，CBS公司马上来挖角，雇用他为纽约办事处新设销售业务部门的负责人，并支付给他三倍于以往的薪水。于是，摩洛又再度活跃，他的潜力得以继续发挥。此时的他年仅二十岁。

如果你肯为自己的创意奋力拼搏，则机会随时都会在你身边，而摩洛的幸运也同样能在你身上发生。

在CBS服务几年之后，摩洛再度回到广告界工作，但这次不是从基层做起，而是直跃龙门——他担任华纳影片公司业务的"汤普生智囊公司"的副总经理。他与该公司负责人爱德·沙瑞本是在一次名叫HeartFound慈善运动中结识的。

那个时代，电视处于摇篮期。但摩洛和爱德皆看好它的远景，认为电视必将飞快发展，大有可为，故二人便专心致力于这种传播媒体的推广。由他们公司所提供的多样化综艺节目，为CBS公司带来空前的大成功。

这便是摩洛人生中的第二次拼搏。为了它，他再次放弃原来可以平步青云的机会，走入另一个未知的世界。但这次冒险并不完全是孤注一掷，他是看准后才押上自己的赌注。最初两年，他仅是纯义务性地在《街上干杯》的节目中帮忙，没想到竟使该节目大受欢迎，时至今日仍是最受欢迎的综艺节目之一。除了节目成功之外，他在1951年被CBS公司任命为所有喜剧和综艺节目的制作主任。

就这样，摩洛的两次冒险、两次游向激流中央最后皆获得了成功，接下来不知他又将游向何处危险的激流当中。在祝福他成功之余，也希望人们都能以他为榜样，积极掌握自己的人生。摩洛的经验之中的确有许多值得我们学习的地方，但要像他一样成功却不是件容易的事,更不是短时间内便可达成的事。

怎么说呢?"时间"本来就很昂贵,只要你活在世上就要花钱。有了这种认识,想自己创业的人即应趁早准备一大笔资金,一则可免于将来为持家烦恼,二则可使自己的理想较容易实现。这世上,有许多人的计划都是在进行到一半时由于资金而终至无法达成,各位不妨引以为戒。资金的张罗与运用必须和每天的消费与自己的收入维持平衡,应做较保守的开支估计,切勿超出自己所能负担的极限。此目标不难达成,只要牺牲几次奢侈享受,将省下来的钱存入银行即可。有了资金为后盾,机会来临时,便可自由发挥自己的创意,使自己的理想得以实践,而不致受资金来源的左右。

8. 放弃局部利益而保全整体

智者曰:"两弊相衡取其轻,两利相权取其重。"趋利避害,这也正是放弃的实质。

在欧洲,有一首流传很广的民谚:为了得到一根铁钉,我们失去了一块马蹄铁;为了得到一块马蹄铁,我们失去了一匹骏马;为了得到一匹骏马,我们失去一名骑手;为了得到一名骑手,我们失却了一场战争的胜利。

为了一根铁钉而输掉一场战争,这正是不懂得及早放弃的恶果。

生活中,有时不好的境遇会不期而至,搞得我们猝不及防,这时我们更要学会放弃。放弃焦躁性急的心理,安然地等待生活的转机。杨绛在《干校六记》中所记述的,就是面对人生际遇所保持的一种适度的超脱,让自己对生活对人生有一种超然的关照,即使我们达不到这种境界,我们也要在学会放弃中,争取活得

这样做人更有魅力

洒脱一些。

人之一生，需要我们放弃的东西很多。古人云，鱼和熊掌不可兼得。如果不是我们应该拥有的，我们就要学会放弃。

几十年的人生旅途，会有山山水水、风风雨雨，有所得也必然有所失，只有我们学会了放弃，我们才拥有一份成熟，才会活得更加充实、坦然和轻松。

比如大学毕业分手的那一刻，当同窗数载的朋友紧握双手，互相轻声说保重的时候，每个人都止不住泪流满面……离别固然会于心不忍，但是每个人毕竟都有各自的旅程，我们又怎能长相厮守呢？固守着一位朋友，只会挡住我们人生旅程的视线，让我们错过一些更为美好的人生风景。学会放弃，我们就有可能拥有更为广阔的友情天空。

放弃一段恋情也是困难的，尤其是放弃一场刻骨铭心的恋情。但是既然那段岁月已悠然遁去，既然那个背影已渐行渐远，又何必要在一个地点苦苦地守望呢？不如冷静地后退一步，学会放弃，一切又会柳暗花明。

当生活强迫我们必须付出惨痛的代价以前，主动放弃局部利益而保全整体利益是最明智的选择。

第四章
做人要善始善终

这样做人更有 魅力

1. 逆境造就毅力超群的成功者

人生，其实是一种跋涉于泥淖之中的境遇。

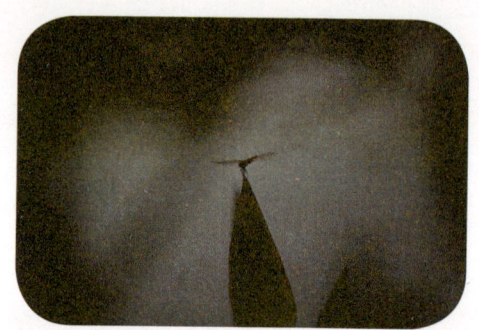

车尔尼雪夫斯基曾说过："历史的道路不是涅瓦大街上的人行道，它完全是在田野中前进的，有时穿过尘埃，有时穿过泥泞，有时横渡沼泽，有时径经丛林。"生活道路并不总是洒满阳光、充满诗意，也会遇上沼泽、寒风或面临荆棘丛生的小道。逆境，应该是现代人生活中的一个必修课题。也许你一心报国而伤身毁容，却遭女友的绝情遗弃；或者屡考大学不中，招来周围的闲言碎语。也许你呻吟床褥，病魔缠身，陷在深深的孤独之中；或者思改前咎，奋力向前，不仅不为人所理解，反遭冷落挖苦。也许你叛逆旧的生活方式，向恶习旧俗挑战，一时得不到安慰和支持；或者身遭陷害，命运莫测，受尽委屈。此外，经济的拮据、错误的处置、意外的不幸、一时的误解等都可能使你处于一时的逆境之中。

没有人能给生活贴上永久顺利的标签，但面对逆境的选择却依志殊异。懦弱者尽尝烦恼，度日如年；畏难者磨去锐气，把逆境作为懒惰的借口；有志者自强不息，面对似乎是毫无希望的境遇，在逆境时间的荒野上开垦孕育价值的沃土。

在逆境中生活是一部深奥丰富的人生教科书。它吞噬意志薄弱的失败者，但常常造就毅力超群的成功者。司马迁"辱受宫刑而不辞",发愤著述,终于写成《史记》这样的旷古之作。贝多芬的数部交响曲都是用理智战胜情感,忍受着失恋的伤痛,靠着对事业追求不息的生命支撑谱写而成。丹麦的安徒生一贫如洗,全家睡在一个搁棺材的木架上,他也常常流浪在哥本哈根的街头巷尾,但却成为世界文坛的名流豪杰。英国物理学家法拉第出身贫寒,当过学徒卖过报,吃了上顿缺下顿,但却百折不挠,创立了电磁感应定律,为人类敲开了电气时代的大门。逆境并非绝境。在人类历史的长河中,具有"坦途在前,人又何必因为一点小障碍而不走路"这样的豪迈气派,为科学和文明发展作出贡献的前驱者可谓比比皆是,翻览即见。

处于顺境的人,往往八方应酬,事务缠身,不免杂事相扰,难以排除无效时间,降低了时间使用效率。相比而言,身处逆境却有"时间优势",置世态炎凉、人情冷暖而不顾,集中精力,数年如一日地进行思索追求。而且逆境还往往能使人更加深刻理解时间的价值和意义,更好地促进人去珍惜和利用。时间是"逆境"转为"顺境"的神奇的纽带。究其原因是逆境能激起开发时效的紧迫感。一个人如想尽快摆脱逆境,往往会最大限度地激发出平时蓄积的生命势能,加快生活节奏,增强"潜能散发效应",竭力提高学习与工作效率。

逆境可以使人产生清醒的自我意识。一个人对自我的行为进行反思往往需要时间与环境。在逆境中,人常常能"冷眼看世界",相对比较冷静,会比较客观地分析自己的利弊长短、成败得失、优势和不足,并能够在较短的时间里选定聚焦突破的方向。已经付了的"学费",比较容易转化成对生活理解的真知灼见。因此,逆境是一所学校,它教人聪明,给人学问。身处逆境而能认真总结生命的足迹,可以缩短主客体相适应的时间。

逆境能培养人的难能可贵的意志力量。长期的逆境生活可以锤炼人不舍之功的长期性,凝就毅力的持久性,培育出耐心、恒心、韧性和悟性。在人生的搏击中，往往毅力比智力更宝贵。"锲而不舍，金石可镂"，"飞瀑之下，必有深潭"，时间的效率只有持之以恒，穷追不放才能获得；而功贵不舍的精神常常在逆境的磨炼中才能造就。身处逆境者应该时时想到，思想的波涛已到了悬崖口上，再前进一步，就会变成宏伟壮观的瀑布，以此不断自励，终能迎来光明的未来。

此外，逆境还能加快人的各种必备素质重新组合的速度。作为一个现代人，应该具备自信心、自主性、决断力、创造性等素质，在逆境的条件下，这些素质都会一个接一个地对身处逆境者提出挑战，进行考验。如何超越历史的陈迹、超越环境的束缚、超越社会的不尽如人意处、超越自身的弱点等，这些人生的价值选择都必须让我们面对，需要我们在孤独的沉思中作出判断抉择。因此逆境不仅能培养出人的各种素质，而且能使现代人的素质的重新组合速度加快，并产生新的素质组合的合力。

正如任何一个徽章都有反面一样，从时间学上来探讨逆境的时效，并非是宣传逆境优于顺境，提倡大家都去身处逆境，也不是说身处逆境者的时效利用一定高于身处顺境者。不言而喻，优越的工作、顺利的工作局面、宽绰的经济状况、健康的体魄条件、欢愉的精神状态，对驾驭时间自有众多的优势。

生活中的不幸者，应当懂得多难兴才。时间从来公允无私，时间不欺逆境人，只是在逆境中需要付出成倍的艰辛劳动，才能取得时间的回报。

知识链接

逆境生活是一部深奥丰富的人生教科书。它吞噬意志薄弱的失败者，但常常造就毅力超群的成功者。

2. 磨难挡不住强者的脚步

许多人之所以取得了成功，都来自于他们所承受的磨难。最好的才干诞生于烈焰，诞生于砾石之上的磨练。美国著名成功学大师马登说："磨难并不是我们的仇人，而是我们的恩人。正是磨难使我们奋力前行的力量得以增强。这就好像那些橡树，经过千百次暴风雨的洗礼，非但不会折断，反而愈见挺拔。在克里米亚的一场战争中，有一枚炮弹毁灭了一座美丽的花园，弹坑却流出泉水，成了一眼著名的喷泉。这对经历磨难的人而言不啻是一个谶语。"

许多人不到穷途末路的境地，就不会发现自己的力量，而灾祸的折磨反而使他们发现真我。磨难也是一样，它犹如凿子和锤子，能够把生命雕琢出力与美来。磨难会激发人的潜力，唤醒沉睡着的雄狮，引人走上成功的道路，如同河蚌能将体内的沙泥化成珍珠一样。

火石不经摩擦不会发出火花。钻石愈坚硬，它的光彩也愈眩目，但只有琢磨才能显露出钻石的璀璨。

在马德里的监狱里，塞万提斯写出了著名的《唐吉诃德》；《鲁滨逊漂流记》一书也是写在牢狱中的；一部《圣游记》也诞生在贝德福德的监狱中；瓦尔德·罗利爵士那著名的《世界历史》，也是在他被困监狱的13年当中写成的；马丁路德被监禁的时候，

这样做人更有魅力

把《圣经》译成了德文；但丁被宣判死刑后，在他被放逐的20年中，仍然孜孜不倦地创作；约瑟尝尽了地坑和暗牢的痛苦，终于做到了埃及的宰相；音乐家贝多芬在两耳失聪、穷困潦倒之时，创作了最伟大的乐章；席勒被病魔缠身15年，却在这一时期写就了最辉煌的著作；弥尔顿就是在他双目失明、贫困交加之时，写下他最著名的作品。

也许正是因为如此，有人甚至说："如果可能，我宁愿祈祷更多的磨难降临到我的身上。"

一个年轻人，原来家境非常贫寒，常被那些家境富裕的同学取笑。在同学们的讥笑中，他立志要做出一番轰轰烈烈的事业来。后来，这个人果然取得了成功。他说："我在学生时代所受到的各种讥笑是对自己最好的磨砺。"

近于绝望的境地最能激发人潜伏着的力量；没有这种经历，人们便难以显露出真正的力量。很多成功人士都把自己所取得的成就归功于生理的障碍和奋斗的苦难。有人说，如果没有那障碍与苦难的刺激，他们也许只会发掘出他们1%的才能。足够的刺激可以使这一比例扩大5倍以上。

居里夫人说："不要叫别人打倒你，不要叫事情打倒你。"再补充一句：不要叫困难打倒你。在人生大舞台上，不管你担任的是什么角色，你能不能成功，这纯粹要看你的表演技能如何了。你越是能坚持，越是能奋斗，你成功的希望就越大。

3. 困境造就人才

　　许多成功人士已用他们成功的轨迹表明，穷苦的日子是成功的起点。而人类自古以来，富家子弟大多是财富的奴隶。那些富家子弟一般不能拒绝各种诱惑，即使有所追求也常半途而废，无功而返。

　　有人问一位著名的艺术家，跟他学画的那个青年将来会不会成为大画家时，艺术家回答说："不，永远不！他每年有6000美元的收入。"这位艺术家知道，安身立命的为人技巧是从艰难奋斗中锻炼出来的，而在财富的阳光下，这种精神很难生长。

　　"不幸而生为富家子弟的人，他们的不幸，是因为他们从开始就背负着包袱

这样做人更有魅力

而赛跑的。"成功学大师卡耐基说,"大多数的富家之子,总是不能抵抗财富所加于他们的试探,因此而陷入不屑的生命中。这一等人不是那些穷苦孩子的敌手;对于这些小老板,你们'穷苦的孩子'毋须害怕。但你们应当小心着,不要被那些比你们还苦得多,甚至他们的父母不能给予他们以任何学校教育的孩子,在事业上挑战你们,而终于超越了你们。应该注意那些走出小学,就得投身工作,而所做的又只是拖洗地板之类的工作的孩子。一鸣惊人,而得到最后胜利的,恐怕都是这类人。"

为了脱离贫困的境地而奋斗,这种努力,最能造就人才。如果世人都是一年之中不为需要被迫去做工,人类文明到现在恐怕还在很幼稚的阶段吧。

翻开历史就可以知道,在各行业中大多数成功的人,以前许多都是穷苦的孩子。成功的人,大都是从困乏需要的"学校"中历练出来的。大商人、发明家、科学家、大学校长、教授、演讲家、实业家,大都是为改善自己的地位的愿望而导引向上。

卓别林出身贫寒,小时候尝尽穷困的滋味。为了得到一些可以充饥的东西,他天天在路边的垃圾桶里寻找。在那种饥寒交迫的极端艰难的环境中,他仍坚信自己一定会成功。他在回忆录中这样写道:"我在孤儿院那段时期,饿着肚子,在街上到处晃荡的时候,我还是一直告诉自己:有什么好悲哀的?有一天我一定会成为世界上最有名的喜剧演员!现在这种逆境,只不过让我变得更坚强些而已。"

一个人最重要的是在不幸中保持自信。尝尽了穷困的滋味,卓别林的表演潜质也逐渐在艰难中成熟。我们看到的那个让我们含着泪微笑的"流浪汉"形象,正是卓别林自身的写照。正如卓别林自己所说："我没有特别的天赋，我只是尽力去表达我自己。"

童年时那段悲惨遭遇成为卓别林情感体验的现实源泉。我们欣赏的"卓别林式幽默"因这种丰富的体验而得以升华：它不是轻浮肤浅的，而是凝重深刻的；它不是虚伪造作的，而是真切动人的。卓别林因此而赢得巨大的成功，成为世界公认的表演大师、幽默大师。

可以这样说：不幸造就了卓别林。我们害怕不幸，然而人生无常，命运多变，谁又能料到什么时候不幸会不期而至呢？

你的惰性决定了你必须承受生活的压力，这种压力会使你的潜能不致沉睡不醒，可以使你为了生存的需要而去努力奋斗。如果你养尊处优惯了，那么你就很有可能望着你那一生也享不尽的财富而不去努力工作。只有那些近乎一无所有的人，才深知除了奋斗就没有第二条道路可走。幸运之神偏爱这些奋斗者，必定赐给与他们的努力对等的成功。

4. 能吃苦还要会吃苦

岁月的痕迹让我们明了：几十亿人口，无论是豪富还是乞丐，农夫还是诗人，男性还是女性，当面对伤痛、失落、艰辛的时候，每个人所承受的折磨是一样的。不必唉声叹气，不必怨天尤人，生、老、病、死或其他不幸，都是人生的必经阶段。

金庸先生在杭州讲学时曾概括人间有七苦：生、老、病、死是苦，求不得、怨憎会、爱别离也是苦。

老、病、死自然是苦的，生为什么也是一苦呢？金庸先生说，一个人只

这样做人更有魅力

要认真地生活，就会遇到许多麻烦与苦恼。另外三苦，金大侠说得意味深长。一为求不得，你一心想追求的东西（包括金钱、荣誉、地位），尽管费心费力，却始终可望而不可即。二为怨憎会，俗称冤家会，有的人生性凶悍奸恶，言辞刻薄，工于心计，我们对这种人避之惟恐不及，偏偏他是你的同事，或不幸成为你的伴侣，怎么办？你必须忍耐。三为爱别离，一个人一生要遇到一个真心倾心相爱的人很不容易，遇到了却要分手，岂不叫人肝肠寸断痛彻肺腑？

生、老、病、死、求不得、怨憎会、爱别离的人间七苦，我们每个人都可能遇到。生活是一杯苦咖啡，香醇中掺杂苦涩。人活着就要接受许多挑战，要面对许多难题，所以生活的本质是苦。

史蒂芬逊是大家熟悉的火车发明家。1781年，史蒂芬逊出生于英国，双亲都是矿工，家境清苦。他十多岁便在矿场上班，十八岁时，才有机会上学，毕业后，又到矿场当技工。由于从小目睹矿工工作的艰辛与危险，史蒂芬逊决定为矿工解决工作上的难题。

史蒂芬逊首先发明了巧妙的矿坑安全灯，解决了采矿的照明问题，减少意外的灾难发生。其后，他看到矿井底下运煤困难，又致力于火车的研究，希望缓解矿井工人运煤的辛劳。在当时想研究火车，需要大量的经费投入，史蒂芬逊虽然每天过着清苦的生活，但追求成功的意志鼓舞着他克服各种困难，终获成功。

没有吃不了的苦，只有享不了的福。人们忍受苦难的能力，是非常大的。不论有多么大的困苦，都可以千方百计去克服。就一个企业的经营来说，也是一样的。企业要成功，要成为世界500强，就要克服困难，懂得吃苦耐劳。要消除痛苦就需要刻苦耐劳的韧性。

怎样使辛苦成为成功的变奏曲呢？

（1）要有苦干实干的精神。人的才能就像土壤，要不断地耕耘，才能茁壮成长，才有丰收和长进。

（2）从积极的想象着手。积极的人能看到人生的光明面，做事就不会畏缩，能朝着正确的方向去努力。

（3）列出一个工作、学习、生活日程表，包括晨练、读书、写作、交友、上街、娱乐等。不论大小事情都列入其中，并认真、专心地去做。

知识链接

没有吃不了的苦，只有享不了的福。人们忍受苦难的能力，是非常大的。不论有多大的困苦，都可以千方百计去克服。

5. 坚韧可以克服一切困难

坚韧勇敢，是伟大人物的特征。没有坚韧勇敢品质的人，不敢抓住机会，不敢冒险，一遇到困难便会自动退缩，一获得小小的成就便感到满足。在所有成功的要素中，一个人的性格是否坚韧至关重要。

有人说，坚韧可以克服一切困难。你可以想一想，诸事百业，有哪一种可以不经坚韧的努力而获得成功呢？

在世间，有无数因坚韧的努力而成

功的事实。坚韧可以使柔弱的女子养活全家；使穷苦的孩子努力奋斗，最终找到生活的出路；使一些残疾人也能够靠着自己的辛劳，养活他们年老体弱的父母。除此之外，如山洞的开凿、桥梁的建筑、铁道的铺设，没有一事不是靠着坚韧的努力而成功的。人类历史上最大的功绩之一——美洲新大陆的发现，也要归功于开拓者的坚韧。

在世界上，没有别的东西可以替代坚韧，教育不能替代，父辈的遗产和有地位者的垂青也不能替代，而命运则更不能替代。

秉性坚韧，是成大事立大业者的特征。这些人获得巨大的事业成就，也许没有其他卓越品质的辅助，但肯定少不了坚韧的特性。使从事苦力者不厌恶劳动，使终日劳碌者不觉疲倦，使生活困难者不感到志气沮丧，原因都是由于这些人具有坚韧的品质。

依靠坚韧为资本而终获成功的年轻人，比以金钱为资本而获得成功的人要多得多。人类历史上所有成功者的故事都足以说明：坚韧是克服贫穷的最好药方。

已过世的克雷吉夫人说过："美国人成功的秘诀，就是不怕失败。他们在事业上竭尽全力，毫不惧怕失败，即使失败也会卷土重来，并立下比以前更坚韧的决心，努力奋斗直至成功。"

有些人遭到了一次失败，便把它看成"拿破仑的滑铁卢"，从此失去了勇气，一蹶不振。可是，在刚强坚毅者的眼里，却没有所谓的"滑铁卢"。那些一心要得胜、立志要成功的人即使失败，也不以一时失败为最后之结局，他们会继续奋斗，在每次遭到失败后再重新站起，比以前更有决心地向前努力，不达目的决不罢休。

有这样一种人，他们不论做什么都全力以赴，总是有着明确而必须达到的目标，在每次失败时，他们便笑容可掬地站起来，然后下更大的决心向前迈进。比如第18任美国总统格兰特，他就从不知道屈服，从不知道什么是"最后的失败"，在他的词汇里面，也找不到"不能"和"不可能"几个字，任何困难、阻碍都不足以使他跌倒，任何灾祸、不幸都不足以使他灰心。

历史上许多伟大的成功者，都是由于坚韧而造就的。发明家在埋头研究的时候，是何等的艰苦，一旦成功，又是何等的愉快。世界上一切伟大事业，都在坚韧勇毅者的掌握之中，当别人已经放弃无法再做时，他们却仍然坚定地去做。真正有着坚强毅力的人，做事时总是埋头苦干，直到成功。

有许多人做事有始无终，在开始做事时充满热忱，但因缺乏坚韧与毅力，不待做完便半途而废。任何事情往往都是开头容易而完成难，所以要估计一个人才能的高下，不能看他下手所做事情的多少，而要看他最终完成的事情有多少。

坚韧不拔，持之以恒是一切成功者的美德。凡成功者，必是一个意志坚强的人。

知识链接

成功者的秘诀，就是不怕失败。他们在事业上竭尽全力，毫不惧怕失败，即使失败也会卷土重来，并立下比以前更坚韧的决心，努力奋斗直至成功。

6. 学会在逆境中生存

面对人生逆境依然微笑，是一种生命的不屈姿态；面对生活挫折依然微笑，是一种灵魂的高贵。一个能够在一切事情与他相背时微笑的人，表明他是胜利的候选者，因为这种姿态，普通人是不能够做到的。

有这样一首诗：

这样做人更有魅力

当生命像歌曲般地美妙，

那不难使人们觉得欢欣。

但真有价值的人，

却是那能在逆境中依然微笑的人。

让我们记住这首诗吧！一个能够在一切事情十分不顺利时微笑的人，要比一个面临艰难困苦，勇气就要崩溃的人要多占许多胜利的先机。

有许多人往往在他们能力范围以内也不能实现成功的目的，就因为他们是那些败坏事业的负面感情的俘虏。

忧郁、阴沉、颓废的人，在社会上不受人重视。没有人愿意同他待在一起；每个人见了他都只是看看他，然后很快就离开了他。

我们不喜欢那些忧郁、阴沉的人，正像我们不喜欢给予我们以不调和的印象画一样。我们会本能地趋向于那些和蔼可亲、趣味盎然的人。我们要使他人喜欢我们，首先要使我们自己变得和蔼可亲和乐于助人。

人不应该把自己降为感情的奴隶，不应把全盘的生命计划、重要的生命问题，都去同感情商量。无论你周遭的事情是怎样的不顺利，你都应笑对逆境，努力去支配你的环境，把你自己从不幸中振作起来。你应背向黑暗，面对光明，这样，

第四章 做人要善始善终

阴影自会留在你的后面！

不少人都是自作孽，因为他们时时以颓丧的心情、不好的情感来破坏、阻碍自己的生命游戏。一切事情的成功，全靠我们自己的勇气，全靠我们对自己有信心，全靠我们自己抱着乐观的态度。然而一般人却不明白这一点，当事情不顺利时，当他们遇到不幸的日子或痛苦的经历时，他们往往会听任颓废、怀疑、恐惧、失望等思想主宰自己，破坏多年经营的事业于霎那之间！这真像向上爬的井蛙，辛辛苦苦地向上爬，但是一失足就前功尽弃了。

时时学习着去集中我们的心志于美而不于丑，于真而不于伪，于和谐而不于混乱，于生而不于死，于健康而不于疾患——这是人生中必修的一门功课。这不是一件容易的事情，但总是可能的，你只要能养成一些正确的思想方法就够了。

假如你能够绝对拒绝那些夺去你快乐的情感魔鬼；假如你能敞开自己的心扉，但绝不让黑暗闯入；假如你能明白，这些心魔的存在，只是你自己为它们提供了方便，那么它们就不会再光顾你了。努力养成一种愉快的修养！假如你本来没有这种修养，只要你能努力，不久就会具有这种美德的。

有一个神经科专家告诉大家，他发明了一个治疗忧郁病的新方法。他劝告他的病人，在任何环境下都要笑。强迫自己，无论心中喜欢不喜欢，都要笑。"笑吧！"他对病人说，"连续着笑吧！不要停止你们的笑！最低限度，试着把你们的嘴角向上翘。这样不停地笑时，看你感觉怎样。"他就是用这种方法治愈他的病人的。

把忧郁在数分钟之内驱逐出心境，这对一个精神良好的人来说是完全可能的。但多数人的缺点就在不肯开放心扉，让愉快、希望、乐观的阳光照进，相反却紧闭心扉想以内在的能力驱除黑暗。他们不知道一缕阳光的射入会立刻消除黑暗，驱出那些只能在黑暗中生存的心魔。

在你感觉到忧郁、失望时，当你努力改变环境时，无论遭遇怎样，不要反复想到你的不幸，不要多想目前使你痛苦的事情。要想那些最愉快最欣喜的事情，要以最宽厚亲切的心情对待他人，要说那些最和蔼最有趣的话，要以最大的努力来使自己快乐，要喜欢你周遭的人。这样，你很快就会经历到一个神奇的精神变化，遮蔽你心田的黑影将会逃走，而快乐的阳光将照耀你的全部生命。

应该养成一个不容许任何可能引起不快的想法或暗示侵入你心中的习惯。因为那些想法与暗示，会给你带来不良的影响。

试着走进最有趣的社交圈中，寻求一些可以使你发笑、使你高兴的无邪的娱乐。这是一种精神的更新。这种精神的更新，有时能在同家中的孩子玩耍时找到，有时能在戏院中找到，有时能在有趣的对话中找到，有时能在埋头于一本有趣或激励的书本中找到，有时能在睡眠中找到……总之，寻求改善我们精神状态的最适当的种种方法会使你发现，忧闷的毒害可以被抵消，颓废的空气可以被改变。这种神奇的变化简直可以使你惊异，而你也会感觉到像换了一个新人一样。

7. 摆脱失望，恢复必胜的斗志

面对失败，也许你灰心丧气，也许你不知如何是好。千万不要失望，因为只要你的信心还在，你就能够由灰心丧气变得勇气十足。美国作家斯宾塞·约翰逊建议采取以下的三个步骤：

（1）争取积极行动

如果你等自己想做时才去行动，那你永远不会行动。你必须先行动，其他的感觉才会随之而来。

有一个故事，说的是一个诗人在自己家花园里散步时看见地上有个鸟窝。刚才一阵强风吹过树梢，把鸟窝吹落到地上。正当诗人对着这个被毁的鸟窝伤感、沉思时，他抬头看到小鸟已经开始在枝头另筑一个鸟窝了。小鸟并未被强风的破坏弄得灰心丧气，它们已经在积极行动了。

（2）研究积极成功者的事例

研究积极成功者的事例，向他们看齐，这是向失望情绪开战的最佳方法之一。研究的对象可以是你认识的有成就的人，你也可以阅读传记，研究那些人的生平、优点以及他们获得这些优点的方法。

14世纪蒙古皇帝莫卧儿，有一次在大自然中看到一个积极的例子，大受鼓舞。那时他的军队被一支强大的敌军打败，溃不成军。莫卧儿躺在一个废弃马房的食槽里，而敌军则在大搜捕。

莫卧儿躺在食槽里，垂头丧气。这时，他看着一只蚂蚁努力扛着一粒玉米，爬上一堵垂直的墙。这粒玉米比蚂蚁的身体大许多，蚂蚁尝试了69次，每次都掉下来。当它尝试第70次时，终于把那粒玉米一直推过墙头。

莫卧儿大叫一声跳了起来！他也能取得最后的胜利！他确实做到了——重整军队，把敌军打得四散逃窜。最后，他的帝国从黑海之滨延伸到恒河。

（3）养成积极执着的态度

不懈的努力看来是一个人获得成功的最重要的原因之一。斯宾塞•约翰逊研究了美国最成功的500个人的生平，还结识了这些人当中的许多人。他发现这些人的成功故事中都有一个不可缺少的元素：执着。这些人即使屡遭失败却仍旧努力。在他看来，只有能克服不可思议的障碍及巨大挫折的人才能获得巨大的成功。

这与美国发明家布卡•T.华盛顿的话相似："我明白了，成功的大小不是由这个人达到的人生高度衡量的，而是由他在成功路上克服的障碍的数目来衡量的。"

哈罗德·雪曼写过一本书，名叫《如何反败为胜》。他在书中列出八种执着的精神：

①只要我坚信自己正确，我决不放弃。

②我深信，只要我坚持到底，一切都会迎刃而解。

③在逆境中我会充满勇气，决不气馁。

④我不允许任何人用恫吓或威胁使我放弃目标。

⑤我会竭尽全力克服生理障碍与挫折。

⑥我会一而再，再而三地努力做到我想做的事。

⑦知道了成功的男人和女人都曾跟失败和逆境搏斗之后，我会获得新的信心与决心。

⑧无论我面临什么样的障碍，我决不向失望与绝望低头。

8. 勇于在逆境中崛起

逆境对强者而言，并不是坏事，反而是成功必不可少的条件，因为逆境的熔炉能够让人脱胎换骨，成就全新的自我。

翻开历史，可以知道，大多数成功的人，在早年往往是贫苦的孩子。

能力是抗拒困难的结果，伟人都是从同困难的角斗中产生出来的。不同艰难挫折拼搏而要想锻炼出能耐来，是不可能的。

一个感觉到自我生活良好的幸运青年，将会对他自己这样说："我拥有的金钱已够我这一世受用了，我又何必要清早起来勤劳工作呢？"

第四章
做人要善始善终

于是一个翻身他又呼呼地睡着了。而就在这个时候，另一个青年，一个除了他自己，在茫茫的世界中便别无可依赖的青年，会因需要的驱策而被迫离开床铺，从事劳动。他明白，除了奋斗以外，他别无出路，他不能依赖任何人，没有人能帮助他。他知道这是他的生死存亡的问题。

因此，一个生长于荣华富贵之中的青年，时常依附于他人而无须用自己的努力挣饭吃的青年，自小被溺爱惯的青年，是很难具有大本领的。

富家子弟与他人相比，往往会像林中的一棵弱树苗同一棵每一寸树干的长大都要饱受暴风骤雨吹打的高大的松树相比一样。

但是，贫困决不是成功的必要条件，贫困的起点虽是好的，但也是仅此而已，此外贫困便无意义。

这正如健身房中的运动器械一样，它可以锻炼人，但只是在这种意义上它是好的。因为贫困本身就是一种欠缺，每一个人从贫困中挣脱出来，却是一件好事，

这样做人更有魅力

而且这种从贫困中挣脱出来——假使能诚实地良好地做到——是可以锻炼与造就伟人的。

人格伟大的人，对于世间的成败荣辱，不甚介意。虽然灾祸和失望频频降临，然而他总能超越和克服它们，并且从来不会失去镇静。每一个人都有失败的时候，即使是常胜将军也是如此，但问题的关键在于，我们是如何看待失败的。如果你把失败看作是对自己的否定，从此便一蹶不振，则你便是彻底的失败者；而如果你把失败看作是成功之母，学会从中吸收促进你成长的合理因素，那么失败则会促使你成功。

很多人要是没到大难临头，往往不会发挥出他强大的实力。除非不幸的悲哀与痛苦足以打动其生命内核，不然，他内在的动力是不会被唤起的。

检验一个人的品格，最好是在他失败的时候，看他失败了以后将会怎样。失败能唤起他的更多的勇气吗？失败能使他发挥出更大的努力吗？失败能使他发现新力量，挖掘潜力吗？失败了以后，是决心加倍的坚强还是就此心灰意懒？

"美国文明之父"爱默森说："伟大、高贵人物最明显的标志，就是他坚韧的意志，不管环境如何恶劣，他的初衷与希望不会有丝毫的改变，并将最终克服阻力达到所企望的目的。"

第四章
做人要善始善终

跌倒以后，立刻站立起来，向失败夺取胜利，这是自古以来伟大人物的成功秘诀。

有人问一个小孩，怎样才能学会溜冰。小孩回答："每次跌倒之后，立刻爬起来！"促使个人成功或军队胜利的，实际上也是因由这种精神。跌倒算不得失败，跌倒后不站起来才是失败。

过去的生命对于你，也许是页页创痛深刻的伤心史，在检阅过去的一切时，你会觉得你处处失败，碌碌无为。你热烈地期待着的事业竟不曾成功；你所信赖的亲戚朋友离弃你；你失掉职位，甚至会因不能维持生计而失掉你的家庭；你的前途，似乎是十分惨淡和黑暗……然而，虽有上述各种不幸，只要你不甘心永远屈服，胜利就会向你招手并等待你的到来。

要善于检验你人格的伟大力量：你应该常常扪心自问，在除了自己的生命以外，一切都已丧失了以后，在你的生命中还剩余些什么？即在遭受失败以后，你还有多少勇气？假使你在失败之后，从此振作不起，放手不干而自甘永久屈服，则别人可以断定，你根本算不上什么人物；但假如你能雄心不减、进步向前、不失望、不放弃，则人家可以知道，你的人格之高、勇气之大是可以超过你的损失、灾祸与失败的。

或许你要说，你已经失败很多次，所以再试也是徒劳无益；你已经跌倒了太多次，再站立起来也是无用。对于意志永不屈服的人，绝没有什么失败！不管失败的次数怎样多，时间怎样晚，胜利仍然是可期的。

有些人虽然已丧失了他们所有的一切，然而他们还不算是失败，因为他们仍然有着不可屈服的意志和永不颓丧的精神。一般的人在暴风雨猛烈的袭击中会变得束手无策，而他们却依然能够自信自立。

失败只是走上较高地位的第一台阶。许多人之所以成功，就是受赐于先前的屡屡失败。假使他没有遭遇过失败，他恐怕反而不能得到大胜利。对于有骨气、有作为的人，失败反而足以增加他的决心和勇气。

对于那些自信其能力，而不介意暂时成败的人，没有所谓失败！对于怀着百折不挠的意志、坚定目标的人，没有所谓失败！对于别人放手而他仍然坚持，别人后退而他仍然前进的人，没有所谓失败！对于每次跌倒立刻站起来，每次坠地就会像皮球一样弹得更高的人，没有所谓失败！

托马斯·A.爱迪生的第一次大失败是：学校将他送回家里，并向其父母说，这孩子不可造就。爱迪生当时受到极大震动，他奋发图强，在母亲的良好教育下，加上自己的努力，最后成为伟大的发明家。

而且，爱迪生后来的听力障碍可能会被某些人认为是很大的不幸，但是，爱迪生以一种特殊的方式接受了这个不幸，那就是，他逐渐发展起了第六感官"内听"的能力，这或许是他所以能成功地大量创造发明的一个重要因素。

很小的时候，拿破仑·希尔的母亲就去世了。许多人因此认为，这是极大的终生缺憾。但对他来说，情形完全不同，因为继母给了他良好的影响，鼓舞他选择了一种很合适的职业。倘若没有她，拿破仑·希尔将不能够走到今天这一步。

拿破仑·希尔还有一位叔叔是亿万富翁，但死后没有给他留下任何遗产。当时他无比伤心，觉得是很大的失败。现在想起来，拿破仑·希尔倒应该感谢他的叔叔，因为，正由于没有接受遗产，他才努力靠自己的能力来掌握自己的命运。

每一次失败都为后面等量的成功播下了种子。但仅仅是种子而已，它必须由人的自我创造力、想象力与确定的目标来浇灌，才能结出丰硕的果实。

大多数人会认为，失去一条腿的作用是一个极大的不幸，但富兰克林·D.罗斯福在对待这种不幸上另有办法，他与拐杖相伴一生，创造出了许多健康人都做不到的事迹。因为他对自己不幸的注意力减小到了最低程度。

第四章 做人要善始善终

亚伯拉罕·林肯当年在做店员、勘测员、士兵、律师时的不成功，将其天才引导到了一个正确的方向上，使他成为美国历史上最伟大的总统。

因此，失败到底是幸运还是惩罚，这要看个人对它的态度。若某人能够将失败看成命运之手对他的无形引导，并接受这一信号，把自己的前进方向调整到正确的轨道上，那么失败对他来说就是幸福。若某人将失败看成是天意对他本身软弱与无能的暗示，而从此心灰意懒，那么失败对他来说就是惩罚。

失败是测定个人强弱度的最好"装置"，而且它会随之提供克服弱点的机会，在这个意义上，失败又成了一种"幸运"。失败作用于人的途径不外下列两种：第一，它作为对更大努力要求的挑战；第二，它冲击个人再试一次的勇气。

大多数人都是在失败的信号来临时便放弃希望，止步不前，甚至一点征兆都没有就已灰心丧气。而且，有很多人在受到仅仅一次失败的打击后便丢盔弃甲。杰出的人物就不是这样，他们总是在失败之后鼓起更大的热情和干劲。

你不妨检查一下自己，看看自己是否有坚强的意志力，对失败能否给出坚定的反应。

如果在连续3次失败之后你还能顽强不息地奋斗，那么你就可以不必怀疑自己在选定的领域内可能成为一位杰出人物。

如果在连续12次失败之后你还跃跃欲试，这说明，天才的种子已经在你的心田里发芽成长，只要给予它希望与信心的阳光雨露，就有望开出成功的花朵。

总之，你若总能在失败之后奋进不息，那么"成功之母"就会对你的暂时挫折和失利给予宽宏的谅解。但是，对那些因前路艰辛而止步不前的"罪行"是不会有任何原谅的。要记住，生活的座右铭是：胜利者永不止步，止步者永无胜利！

第五章
做人要志存高远

这样做人更有 魅力

1. 坚持不懈，矢志不渝

立志难，立长志更难。但是立长志，要多一份"身后意识"，就像多了一双睿智的眼睛，时时给我们添一点远见，一点对现实更为透彻的认识，这样会更利于我们事业的成功。

在现实生活中，有好些人的眼睛所能看到的只是满眼困苦，遍地障碍。当他们的事业没有什么进展的时候，他们就会觉得很沮丧。但是，他们根本不明白，造成这种状况的原因是什么。他们缺少的是对事业的专注和执着。

从前，有人正要将一块木板钉在树上，有位叫贾金斯的人便走过去管闲事，说要帮他一把。

贾金斯说："你应该先把木板锯平再钉上去。"可是，贾金斯找来锯子之后，还没有锯到两三下，就又撒手了，说要把锯子磨快些。

于是贾金斯又去找锉刀，接着他又发现必须先把锉刀安上一个顺手的手柄。因此，他又去灌木丛中寻找小树，可是砍树又得先磨快斧头。磨快斧头需将磨石固定好，这又免不了要制作支撑磨石的木条。制作木条少不了木匠用的长凳，可这没有一套齐全的工具是不行的。

于是，贾金斯到村里去找他需要的工具，然而这一去，就再也不见他回来了。

贾金斯无论做什么都是半途而废。他曾经废寝忘食地攻读法语，但要真正掌握法语，必须首先对古法语有透彻的了解；而没有对拉丁语的全面掌握和理解，要想学好古法语是绝不可能的。

贾金斯从未获得过什么学位，他所受过的教育也始终没有用武之地。但他的先辈为他留下了一些本钱。他拿出10万美元投资办一家煤气厂，可制造煤气所需要的煤炭价钱昂贵，这使他大为亏本。于是，他以9万美元的售价把煤气厂转让出去，开办起煤矿来。可他又不走运，因为采矿机械的耗资大得吓人。因此，贾金斯把在矿里拥有的股份变卖成8万美元，转入煤矿机器制造业。从那以后，他便像一个滑冰者，在有关的各种工业部门中滑进滑出，没完没了。

他恋爱过好几次，但是每一次都毫无结果。他对一位姑娘一见钟情，十分坦率地向她表露了心迹。为使自己配得上她，他开始在精神品德方面陶冶自己。他去一所星期日学校上了一个半月的课，但不久便自动逃遁了。两年后，当他认为可以启齿求婚之日，那位姑娘早已嫁给了别人。

不久他又如痴如醉地爱上了一位迷人的、有5个妹妹的姑娘。可是，当他上姑娘家时，却喜欢上了二妹。不久，他又迷上了更小的妹妹。最后一个也没谈成功。

贾金斯的情形每况愈下，越来越穷。他卖掉了最后一项营生的最后一份股份后，便用这笔钱买了一份逐年支取的终生年金。可是这样一来，支取的金额将会逐年减少，因此他要是活的时间长了，早晚得挨饿。

有道是"无志之人常立志，有志之人立长志"，贾金斯是一个典型的"常立志"的无志之人。

世界著名的法国作家伏尔泰曾经说过："要在这个世界上获得成功，就必须坚持到底——剑至死都不能离手。"

导致失败的原因很多，最常见的就是不如意就抽身而退的习惯。任何人在成

这样做人更有魅力

功之前，都会遇到些许失意，甚至是多次的失败。如果退却，就放弃了一个成功的机会，因为成功之前的失败，往往离成功只有一步之遥。

让我们来领略一下国际电影巨星史泰龙是如何屡败而不移其志的。

史泰龙的父亲是一个赌徒，母亲是一个酒鬼。父亲赌输了，又打母亲又打他；母亲喝醉了，也拿他出气发泄。他在拳脚交加的家庭暴力中长大，常常是鼻青脸肿，皮开肉绽。史泰龙的童年极其悲惨，高中辍学，便当了阿混。

直到他20岁的时候，一件偶然的事刺激了他，使他醒悟反思，他下定决心，要走一条与父母迥然不同的路，活出个人样来。他想到了当演员——当演员不需要文凭，更不需要本钱，而一旦成功，却可以名利双收。

于是，他来到好莱坞，找明星，找导演，找制片……找一切可能使他成为演员的人，处处哀求："给我一次机会吧，我要当演员，我一定能成功！"

很显然，他一次又一次地被拒绝了。但他并不气馁，他知道，失败定有原因。每被拒绝一次，他就认真反省、检讨、学习一次，之后又去寻找机会……

在他一共遭到1300多次拒绝后的一天，一个曾经拒绝过他20多次的导演对他说："我不知道你能否演好，但我被你的精神所感动。我可以给你一次机会，先只拍一集，就让你当男主角，看看效果再说。"

为了这一刻，他已经做了3年多的准备，终于可以一试身手了。机会来之不易，他不敢有丝毫懈怠，全身心投入。

史泰龙的第一集电视剧创下了当时全美最高收视率——他成功了！

知识链接

任何人在成功之前，都会遇到许多的失意，甚至是多次的失败。如果你退却了，你就放弃了一个成功的机会，因为成功之前的失败，往往离成功只有一步之遥。

2. 让自己的志向不可阻挡

去争取一个希望。当你决定并已踏上征途的时候，最终能否得到它，其实条件很简单，就取决于你的志向是否坚定。

人必须怀有一种明晰的志向才能够有目的地去创造、探求，否则东一榔头西一棒子，是不可能把事情做好的。

勒格森·卡伊拉仅有只够维持五天的食物，一本《圣经》和《天路历程》两本书，一把用于防身的小斧头和一块毯子。带着这些，勒格森急切地踏上了他的人生旅途。勒格森将徒步从他的家乡尼亚萨兰，向北穿过东非荒原到达开罗，在那儿再乘船到美国，开始他的大学教育。

1958年10月，勒格森只有16岁或17岁，他母亲也拿不准他那时确切的年龄。他的父母都是文盲，不知道美国的确切位置离他们究竟有多远，但他们还是勉强地为勒格森的旅途祈祷。

对勒格森来说，他的旅途源于他的一个梦想，这个梦想促使他决心要接受教育。他希望能像他心目中的英雄亚伯拉罕·林肯、华盛顿那样改变世界，服务于全人类。不过，要实现他的目标，他需要受最好的教育，他知道只有在美国才能得到他需要的教育。

勒格森出发了。他必须踏上征途。他一心只想着一定要踏上那片可以帮助他

这样做人更有魅力

把握自己命运的土地，其他的一切都可以置之度外。

在崎岖的非洲大地上，艰难跋涉了整整五天以后，勒格森仅仅前进了25英里。食物吃光了，水也快喝完了，而且他身无分文。要想继续完成后面的2975英里的路程似乎是不可能了，但勒格森清楚地知道回头就是放弃，就是重新回到贫穷和无知。

他对自己发誓：不到美国我誓不罢休，除非我死了。他继续前行。

一次高烧使他病得很重。好心的陌生人用草药为他治疗，并给他提供了地方休息和养病。由于疲惫不堪和心灰意懒，勒格森几欲放弃。但他心中的志向或者说是梦想还是战胜了退缩情绪。他继续前行，走了近1000英里，到达了乌干达首都坎帕拉。此时，他的身体竟健壮起来，也有了更加明智的求生方法。他在图书馆里找到了一本图文并茂的美国大学指南书，其中的一幅插图深深地吸引了他。那是个看上去庄重而又友好的学院，坐落在湛蓝的天空下，喷泉草坪错落有致。环绕学院的群山使他想起了家乡那壮丽的山峰。

位于华盛顿佛农山区的斯卡吉特峡谷学院成为勒格森申请的第一个院校。这似乎是不可能成功的，但他决定立即给学院的主任写封信，诉说自己的境况，并向学院提出申请，希望得到奖学金。

斯卡吉特峡谷学院的主任被这个年轻人的决心深深感动了，不仅接受了他的申请，还向他提供了奖学金和一份工作，其工资足够用以支付他上学期间的食宿费用。

勒格森向着自己的梦想又前进了一大步，但更多的困难仍然阻挡着他的道路。要到美国去，勒格森必须要有护照和签证。但要得到护照，他必须向美国政府提供确切的出生日期证明。更糟糕的是要拿到签证，他还需要证明他拥有支付他往返美国的费用。

勒格森只好再次拿起纸笔，给童年时曾教过自己的传教士们写了封求助信。结果传教士们通过政府渠道帮助他很快拿到了护照。然而，勒格森还是缺少领取签证所必须拥有的那笔航空费用。勒格森并不灰心，而是继续向开罗前进，他相信自己一定能通过某种途径得到自己需要的这笔钱。

几个月过去了，他勇敢的事迹也渐渐地广为人知。当他身无分文、筋疲力尽地到达喀土穆时，关于他的传说已经在非洲大陆和华盛顿佛农山区广为流传。斯卡吉特峡谷学院的学生们在当地市民的帮助下，寄给勒格森650美元，用以支付他来美国的费用。当得知这些人的慷慨帮助后，勒格森疲惫地跪在地上，满怀喜悦和感激。

1960年12月，经过两年多的行程，勒格森终于来到了斯卡吉特峡谷学院，他骄傲地跨进了学院高耸的大门。

毕业后的勒格森深知，现在距离自己心中的梦想还差得很远。他没有停止奋斗，而是继续进行学术研究，并到达英国成为剑桥大学的一名政治学教授，同时还是广受尊重的作家。

勒格森出身卑微，但就像他崇拜的英雄——亚伯拉罕·林肯和华盛顿那样，最终取得成功。他不断地寻求改变，并向自己既定的目标永往直前。他的勇气，成为我们人生航行中的一座壮丽灯塔，为人们指引着前进的方向。

3. 始终充满壮志豪情

崔瑞普是德国戴姆勒—奔驰汽车公司前董事长，他在大学主修的是工学，曾在奔驰汽车公司打工，在那时他便开始用这样一句话不断地告诫自己："没有雄心壮志或是老想凑合着过日子的人，不可能做出什么像样的事业来的。"

毕业后崔瑞普进入奔驰汽车公司的控股公司戴姆勒—奔驰公司工作，1989

这样做人更有魅力

年荣升戴姆勒—奔驰公司董事兼航空部门负责人。由于他个人的不断努力，在公司里的职位也一路飙升。1995年5月，他成为戴姆勒—奔驰公司的董事长兼执行长。

进入20世纪90年代后，戴姆勒—奔驰集团陷入经营困难的局面，再加上受到德国国内高薪资制度所苦，该公司的国际竞争力与日俱下。这时海外经验丰富的崔瑞普认为，戴姆勒—奔驰的事业架构应该进行整顿，因此决定引进美国式削减经费和重整业务的经营方式。

于是崔瑞普向脑子里只有沿袭传统想法的董事会提议："不要一味反对，如果有其他有效的对策，不妨也听一听。"对于董事会担心可能引起员工不满而罢工的问题，他强势地表示："与其担心罢工几天的损失，不如关心公司未来的利益。"他认为，反正横竖已到了绝境，不如挑战新的做法。如果一味固守传统，根本无法渡过难关。

在德国国内的大型企业相继丧失国际竞争力之下，戴姆勒—奔驰也被迫裁减1.8万名员工，并且变卖35项事业中的12项，同时还合并旗下最大的子公司奔驰汽车。崔瑞普独断专行地重整公司，结果1997年上半年该公司的利润比上年同期增长2.2倍，平安地脱离经营困境。

虽然进行改变时，可能面临突发的危险，但崔瑞普知道，"凑合着过日子的人，不可能改变现状"。一直坐以待毙，很可能陷入万劫不复的险境。坐着干等是无法改变现状，不可能开辟出一条康庄大道的。在崔瑞普的领导下，戴姆勒—奔驰公司与美国克莱斯勒汽车公司合并，成为戴姆勒—克莱斯勒公司，营业额跃居汽车制造业的第一名。

4. 时刻让自己充满热情

热情是世界上最有价值的一种感情，也是最具感染力的。自己充满了热情，你谈话的对象才容易变得充满激情，即使你表达得不太顺利，他也可以理解。如果没有热情，你推销时所说的话简直就像过了一年的晚餐上的火鸡肉，毫无生气和新鲜感。

热情不仅仅是外在的表现，它会占据你的内心。你在家中静坐，产生一个新想法，完善、成熟，最后你被热情点燃，没有什么可以阻止你。

热情有助于你克服恐惧，有助于你事业上的成功，赚更多的钱，享受更健康、更富裕、更快乐的生活。

充满热情地投入工作吧，现在就开始。对自己说这一切我都能做。要让自己充满激情，表现激情。

以充满热情的状态生活 30 天，结果会让你意想不到，相信那将使你沉闷的生活变得活跃起来。

若你能保有一颗热忱之心，那是会给你带来奇迹的。

一个浓雾之夜，当安东尼·罗宾和母亲从新泽西乘船渡江到达纽约的时候，母亲兴奋地喊道："这是多么令人惊心动魄的情景啊！"

"有什么出奇的事情呢？"罗宾问道。

母亲依旧充满激情，说："你看呀，那浓雾，那四周若隐若现的光，还有消失在雾中的船带走了令人迷惑的灯光，那么令人不可思议。"

或许是被母亲的激情所感染，罗宾也着实感觉到厚厚的白色雾中那种隐藏着

这样做人更有**魅力**

的神秘、虚无和迷惑。罗宾那颗迟钝的心得到了一些新鲜血液的渗透，不再没有感觉了。

母亲注视着他，说："我从来没有放弃过给你忠告。无论以前的忠告你接受不接受，但这一刻的忠告你一定得听，而且要永远牢记。那就是：世界从来就有美丽和兴奋的存在，她本身就是如此动人、如此令人神往，所以，你自己必须要对她敏感，永远不要让自己感觉迟钝、嗅觉不灵，永远不要让自己失去那份应有的热情。"

罗宾一直没有忘记母亲的话，而且也试着去做，让自己保有那颗热忱的心，那份应有的热情。

在人的一生中，做得最多和最好的那些人，也就是那些成功人士，必定都具有这种能力和特点。即使两个人具有完全相同的才能，必定是更具热情的那个人会取得更大的成就。

热情一方面是一种自发力量，同时又是帮助你集中全身力量去投身于某一事情的一种能源。

在美国波士顿，有个棒球队，一直只拥有极少部分的观众，支持他们的力量很微弱，他们的表现也很差。但是，后来他们到了密尔瓦基，这里的市民对这个新球队十分热情，棒球场挤满了人，非常关心这个球队，并相信这个球队一定可以取胜。

市民们的热情、乐观与信赖，给了这支棒球队极大的鼓舞，次年就几乎跃登联赛的首位。仍然是原班人马，但在这个球队内部却有了一股前所未有的力量，他们因此而发挥了从未有过的水平。观众的热情给这个棒球队输入了力量，为他们创造了奇迹。

许多人都或多或少有自卑感，常常低估了自己，对自己失去了信心，缺少热情。其实，每个人都应该相信自己的健康、精力与忍耐力，都具有重大的潜在力量，这种自信会给予我们极大的帮助，热爱自己，就会帮助我们获取成功。

5. 人生就要积极进取

现实生活中，随处可见这样的人：他们一生都做着简单平常的事情，他们似乎也因此而满足。但实际上他们完全有能力干一些更出色、更卓越的事情。他们并不缺少能力，只是缺乏一种追求的勇气和强烈的进取心。

许多人没有足够的进取心来开创伟大的事业。因为他们的期望值很低，所以不可能在平凡中开创一项伟大的事业。是人生目标的狭隘限制了他们确立宏大的进取心。

"做一个更卓越的人。"建议每个年轻人都把这句名言镶在镜框里，悬挂在店铺里、办公室和工厂里，悬挂在一个随时可以提醒你的地方。经常用这句话自省，可以使生命的寓意变得更加宽广和深远。

如果人类没有创造世界和改进自身的雄心壮志，今天的世界就仍会处在混沌的状态中。

与为了实现雄心壮志而进行的持续努力相比，没有什么东西可以如此地坚定我们的意志。当这种

这样做人更有魅力

思想引导我们进入了更高的境界，就已经把更加美好的事物带进了我们的生命。

美国一个一无所有的年轻移民曾经这样说："我决心要追寻生命的真正价值。"这是一个非常有价值的决定，因为他以雄心壮志为基础，他的目的是要成为一个对人类有用的人。这个年轻人白天努力工作，晚上到夜校读书，利用所有的零碎时间尽可能地提高自己。

这就是一个有志者的例子，这也说明了以进取心实现生命价值是多么与众不同。正是这种决心造就了林肯、安德鲁·杰克逊、爱迪生和约翰·缪尔这样的伟大人物。

有什么比追寻生命价值更高尚的理想吗？

在不同的文明下，人们的理想也不同。一个人或一个国家的理想与其现实条件和未来发展潜力是相关的。

大多数青年人的问题在于，他们一开始就没有明确的计划，对于成功的梦想犹豫不决，缺乏有价值的目标。当他们跨入社会后，他们只是找个工作，而工作还不一定适合他们，他们似乎对此也无所谓。没有任何雄心和抱负激励他们追求更高的目标。

人生获得成功，仅仅拥有出色的才干、受过高等的教育和有着良好的身体条件还不够。无数具备这三个条件的人仍然失败了，或者过着平庸的生活，因为他们没有以积极的态度去争取成功。由于缺乏巨大的动力和崇高理想的激励，他们的能力没有得到充分的施展。

人的一生中最重要的就是要树立远大的目标，并且以足够的才能和坚强的忍耐力来实现人生目标。

许多人在竞争中失败，并不是由于自己的失误，他们不再进取只是源于一些人性弱点。他们中的不少人缺乏坚韧、目标和意志，而其他一些人则缺乏决断力和勇气。这些不幸的人如果能再坚持一下，也许就可以获得成功了。

如果你的动力足够大，那么与之相匹配的能力也将随之而至。我的朋友，如

第五章 做人要志存高远

果你面前有一项非常有吸引力的奖品在激励着你，那么，你一定可以变得更加敏捷，更具有创见，更加细致而勤奋，更加机智而思虑周全，而且会有更加稳健清晰的头脑，你也一定会获得更好的判断和预见力。

无论你拥有怎样的雄心壮志，都请你务必要集中精力为之努力，而不要左顾右盼，意志不坚。不要给自己留退路，要一心一意为了理想而奋斗。只有集中精力才能获得自己想要的成功。

花园里的园丁懂得，要修剪掉无用的枝条，因为它们也消耗着养料。为了那些重要的事情，你是否也应该集中精力而改掉那些不良习惯呢？如果你不能改掉那些牵扯你精力的不良习惯，你就无法接近那些使你获得成功的重要机会。

成功是一个选择和放弃的过程，需要在有价值与无价值之间选择。追寻有价值的事情，放弃无价值的事情，可以使你赢得充分的时间。就像我们面对形形色色的美味佳肴，只有挑那些对增强体质最有用的东西吃，才有益于健康。其他不过是垃圾食品，多吃是有害的。这是同样的道理。

只有受到伟大目标的激励，只有执着地追求有意义的人生，只有不断进取，一个人才能在世界上做出一番大的成就。成就的大小与成就本身的性质，在很大程度上都取决于进取心和决断力。如果你现在在这两个方面还没有做好充分的准备，那么，从现在开始你一定要努力地培养这方面的品质，否则会一事无成。

进取之心是一个人积极向上的发动机，人生在世就要积极进取，如此，生命的价值才会不断升华。

知识链接

只有受到伟大目标的激励，只有执着地追求有意义的人生，只有不断进取，一个人才能在世界上做出一番大的成就。

这样做人更有**魅力**

6. 永远生活在希望之中

做人做事不可能一帆风顺，前途布满荆棘，也大可不必畏缩。做人贵有志，有志就有希望。

希腊神话中有一则神话叫"潘多拉的匣子"。传说众神之王宙斯因为普罗米修斯违背他的意愿盗了天火给人类而大怒，开始惩罚普罗米修斯和人类。他命令手艺最高明的匠神按照女神的模样打制出一名女子，起名叫潘多拉，即"具有一切天赋的女人"之意，并且让每一个神都送一样礼物放在潘多拉随身携带的匣子里。之后，宙斯把潘多拉嫁给了普罗米修斯的弟弟埃庇米修斯。因为普罗米修斯是个先知，所以他知道潘多拉是宙斯用来惩罚人类的工具，因此，他事先反复郑重地提醒和警告埃庇米修斯，不要娶潘多拉为妻。但埃庇米修斯为潘多拉的美貌所吸引，仍旧娶她为妻。潘多拉趁人不在，偷偷地打开了那个匣子，顿时，匣子里各种各样的东西都飞了出来，战争、疾病、瘟疫、灾难、痛苦、妒忌……潘多拉被吓坏了，急急忙忙关上匣子，结果，最后一样东西被关在了匣子里，这个东西恰恰就是：希望。从此以后，人类必须经历各种各样的战争、疾病、瘟疫、灾难、痛苦、妒忌……惟独缺少的是希望。

有一位老师经常向青年人说："人生不能无希望，所有的人都是生活在希望中的。假如真的有人是生活在无望的人生中，那么他只能是失败者。人很容易遇到失败或障碍，于是悲观失望，消极下去，或在严酷的现实面前，失掉活下去的勇气，或怨恨他人，结果落得个唉声叹气、牢骚满腹。其实，身处逆境而有志气的人，肯定会找到一条坦途，在内心里也会体会到真正人生的希望和意义。"

保持"希望"的人生是有力的，失掉"希望"的人生是无力的；"希望"是人生的力量，在心里一直抱着"美梦"的人是幸福的。在走向人生这个征途中，最重要的既不是财产，也不是地位，而是在自己胸中像火焰一般燃烧的志气，即"希望"。因为那种毫不计较得失、为了巨大希望而活下去的人，肯定会生出勇气，激发出巨大的激情，开始闪烁出洞察现实的睿智之光。与时俱进、终生怀有希望的人，才是具有最高信念的人，才会成为人生的胜利者。

在这个世界上，有许多事情是我们所难以预料的。我们不能控制机遇，却可以掌握自己；我们无法预知未来，却可以把握现在；我们不知道自己的生命到底有多长，但我们却可以安排当下的生活；我们左右不了变化无常的天气，却可以调整自己的心情。只要有志，就有希望；只要每天给自己一个希望，我们的人生就一定不会失色。

人最怕的是没有志气，它使人失去了面对现实、挣扎抗拒的勇气。而与此相反，希望却正如坚强的生之意志，它能使一切看似无可救药的事物重获生机，欣欣向荣。如果一个人的心灵有了希望，还有什么东西可以打败他呢？

7. 把决心与志向"焊"在一起

要实现梦想就必须行动，而行动必须有决心。只有既有行动又有决心的人，才能发挥潜能，成就伟业，完成目标。

做任何事都不能缺少决心，决心是使工作完成、实现志向的关键。任何事业都必须全力以赴，坚持到底，否则你永远无法得到你想要的一切。

人们时常会发现，许多失败的人都是有特殊天分的。他们拥有许多大好的机会，只因为太快放弃而未能成功，热情也在一夜之间为懒惰和不耐烦所取代。

决心和坚毅才是完成工作的关键。一个人如果想成功，就必须有坚持到底的决心。

富兰克林认为，"下定决心，不管做什么，都要全力以赴"。一位著名的教练对他的球队说过一段简短而振奋人心的话："当欢呼声消失了，体育场上人去楼空后，当报上的大标题已经印出，你回到自己安静的房间，超级奖杯放在桌上，所有热闹都已消失后，剩下的就只有：致力于完美，致力于胜利，致力于尽我们最大的努力，以使这世界变得更好。"

一位哲人说过，任何人都可以数得出一个苹果里有多少种子，但只有上帝知道一粒种子里有多少苹果。

亨利·福特在成功之前因失败而破产过5次。丘吉尔直到62岁才成为英国首相，那时他已经历过无数次失败和挫折了。他最伟大的贡献是在他成为"年长公民"后完成的。有18位出版家否决掉李察·巴哈的一万字故事《天地一沙鸥》，最后由麦克米兰出版公司于1970年发行。到了1975年，仅在美国一地，这本书便卖出700万本。

可以这么说，世界上如果有100个人的事业获得巨大的成功，那么，这100个人都有把事业坚决进行到底的决心。

有这样一个人，死神在他事业的路上如影随形，他却矢志不渝地走向了成功。他就是家喻户晓的诺贝尔奖金的奠基人——弗莱德·诺贝尔。

1864年9月3日这天，寂静的斯德哥尔摩市郊突然爆发出一声震耳欲聋的巨响，滚滚的浓烟霎时冲上天空，一股股火焰直往上窜。仅仅几分钟时间，一场惨祸发生了。当惊恐的人们赶到现场时，只见原来屹立在这里的一座工厂只剩下残垣断壁。火场旁边,站着一位30多岁的年轻人,突如其来的惨祸和过分的刺激,已使他面无人色,浑身不住地颤抖着……

　　这个大难不死的青年,就是后来闻名于世的弗莱德·诺贝尔。诺贝尔眼睁睁地看着自己创建的硝化甘油炸药实验工厂化为了灰烬。人们从瓦砾中找出了五具尸体,四人是他的亲密助手,而另一个是他在大学读书的小弟弟。五具烧得焦烂的尸体,令人惨不忍睹。诺贝尔的母亲得知小儿子惨死的噩耗,悲痛欲绝;年迈的父亲因大受刺激而引起脑溢血,从此半身瘫痪。

　　事情发生后,警察局立即封锁了爆炸现场,并严禁诺贝尔重建自己的工厂。人们像躲避瘟神一样地避开他,再也没有人愿意出租土地让他进行如此危险的实验。但是,困境并没有使诺贝尔退缩,几天以后,人们发现在远离市区的马拉仑湖上,出现了一只巨大的平底驳船,驳船上装满了各种设备,一个年轻人正全神贯注地进行实验。他就是在爆炸中死里逃生、被当地居民赶走了的诺贝尔。

　　无畏的勇气往往令死神也望而却步。在令人心惊胆战的实验里,诺贝尔依然持之以恒地行动,他从没放弃过自己的梦想与决心。

　　功夫不负有心人,他终于发明了雷管。雷管的发明是爆炸学上的一项重大突破,随着当时许多欧洲国家工业化进程的加快,开矿山、修铁路、凿隧道、挖运河等都需要炸药。于是,人们又开始亲近诺贝尔了。他把实验室从船上搬迁到斯德哥尔摩附近的温尔维特,正式建立了第一座硝化甘油工厂。接着,他又在德国的汉堡等地建立了炸药公司。一时间,诺贝尔的炸药成了抢手货,诺贝尔的财富与日俱增。

　　然而,初试成功的诺贝尔,好像总是与灾难相伴。不幸的消息接连不断地传来,在旧金山,运载炸药的火车因震荡发生爆炸,

这样做人更有 魅力

火车被炸得七零八落；在德国，一家著名工厂因搬运硝化甘油时发生碰撞而爆炸，整个工厂和附近的民房变成了一片废墟；在巴拿马，一艘满载着硝化甘油的轮船，在大西洋的航行途中，因颠簸引起爆炸，整个轮船葬身大海……一连串骇人听闻的消息，再次使人们对诺贝尔望而生畏，甚至把他当成瘟神和灾星。随着消息的广泛传播，他被全世界的人所诅咒。

诺贝尔又一次被人们抛弃了，不，应该说是全世界的人都把自己应该承担的那份灾难给了他一个人。面对接踵而至的灾难和困境，诺贝尔没有一蹶不振，他身上所具有的毅力和恒心，使他对已选定的目标义无反顾，永不退缩。在奋斗的路上，他已经习惯了与死神朝夕相伴。

大无畏的勇气和矢志不渝的决心最终激发了他心中的潜能，他最终征服了炸药，吓退了死神。诺贝尔赢得了巨大的成功，他一生共获专利发明权355项。他用自己的巨额财富创立的诺贝尔奖，被国际学术界视为一种崇高的荣誉。

诺贝尔成功的经历告诉人们，决心是实现目标过程中不可缺少的条件，是发挥潜能的必要条件。决心与追求结合之后，便形成了百折不挠的巨大力量。

从诺贝尔的成功可以看出，干事业要经得起挫折，要有决心和毅力，绝不能半途而废。做一件事坚持到底最重要，否则，就会在竞争中一事无成。成功靠的不是力量而是韧性。社会竞争常常是持久力的竞争，有决心和毅力的成功者往往成为笑到最后、笑得最好的人。

知识链接

人们时常会发现，许多失败的人都是有特殊天分的。他们拥有许多大好的机会，只因为太快放弃而未能成功，热情也在一夜之间为懒惰和不耐烦所取代。

第六章
做人要充滿自信

这样做人更有 魅力

1. 无条件接受自己

在一个人的心态与性格中，有一点非常重要：那就是如何看待自我。如果一个人对自我没有一个清醒的认识，那也很难谈到客观地对待外部世界。自信是在尽可能地认清自己的现状之后而仍保持的一种昂扬斗志。自信就是成功者必须依赖的精神潜能。

哈佛大学对当代世界名人成长经历的研究后发现，这些名人对自我都有一种积极的认识和评价，表现出相当的自信。因为他们首先自信，所以才会相信自己的选择、相信自己的事业有成功的可能，所以才会坚持到底，直至达到自己的目标。

在现代社会，一个人要想成就一番大业，单凭单枪匹马的拼杀是不够的，它更需要众多人的支持和合作，这时，自信就显得尤为关键。一个人只有首先相信自己，才能说服别人来相信你；如果连自己都不相信，那么这意味着你已失去在这个世界上最可依靠的力量。

哈佛大学教授认为，凡是有自信心的人，都可表现为一种强烈的自我意识。这种自我意识使他们充满了激情、意志和战斗力，

第六章
做人要充满自信

没有什么困难可以压倒他们，他们的信条就是：我要赢！我会赢！

自信是一面充满魅力的旗帜，它会把好运招至旗下。在充满自信的人身边，总会聚集一批受其感染的人，与他共同开拓事业。

在当代许多世界名人中，有些人是相当自信的，有时甚至给人以一种说大话、吹牛皮的感觉。但是，他们确实有的做到了，有的仍在努力去做。无论如何，自信都给他们以一种前进的动力，使他们敢于去攀登人迹罕至的事业高峰，创出一番骄人的业绩。

毋庸置疑，世上只有那些有责任心、肯负责任的人，才能获得成功；只有那些自信言必行、行必果的人，才能成就大的事业。要承担起对事业的责任，必须要始终自信做任何事情都能成功——绝对能够成功！

很多人一遇些微小的挫折便心灰意冷，精神沮丧，他们认为命运在和自己作对，再挣扎也毫无益处。

其实，只要你注意观察，就会发现不少成功者都曾经失败过，甚至完全破产，但是因为他们有勇气、有决心，始终没有被击垮，仍然在努力地坚持着，希望东山再起。

每一个人都希望始终保持自己的自信。无论困难怎样大、挫折怎样严重，也不要使自己的意志消沉下去。那种永无定见、瞻前顾后的习惯，无异是自己前途的"拦路虎"。

人生最大的损失，除了丧失人格之外，就要算失掉自信心了。当一个人没有自信心时，任何事情都不会做成功，就像没有脊椎骨的人是永远站不起来的一样。

世上没有什么真正的困难障碍能够阻挡一个自信心很强的人的前进道路。班扬被投进监狱后，仍然写出著名的《圣游记》；弥尔顿被挖掉眼睛之后，仍然写出了《失乐园》；帕克曼能写成《加利福尼亚与俄勒冈小道》，靠的也是他一往无前的决心。无数成功的大家名流所以能有今天的地位，也无非是靠他的自信。像这一类成功者的例子不知有多少，而他们的成功都是以坚强的自信力为后盾的。

这样做人更有魅力

一个人的潜能就像水蒸气一样，其形其势无拘无束，谁都无法用有固定形状的瓶子来装它。而要把这种潜能充分地发挥出来，就一定要有坚定的自信力。

眼光敏锐的人能够从路过身边的人中指出哪些是成功者。因为成功者走路的姿势、成功者的一举一动都会流露出十分自信的样子。从他的气度上，就可以看出他是一个自立自主、有自信和决心完成任何工作的人。一个人的自主自助、自信和决心就是他万无一失的成功资本。同样，眼光敏锐的人也能随时随地看出谁是失败者。从走路的姿势和气质上，可以看出他缺乏自信心和决断力；从他的衣着和言谈上，可以看出他不学无术；而且他的一举一动也显露出他怯懦怕事、拖拖拉拉的性格。

一个成功者的自信总是充足、持久的，这种自信支配他在处理任何事时绝不会支支吾吾、糊里糊涂。他魄力十足，无须依赖他人而能独立自主。而那些陷于失败之中的人既缺乏心理上的自信力，又没有实际的做事能力，他看上去总是一副穷途末路的样子，从他的谈吐举止和实际工作上看，仿佛他处处无能为力，只好听任命运的摆布。

对一个人的事业来说，自信心可以创造奇迹。自信使一个人的才干取之不尽、用之不竭。一个缺乏自信的人，无论本领多大，总不能抓住任何一个良机。每遇重要关头，总是无法把所有的才能都发挥出来，所以，那些绝对可以成功的事在他手里也往往弄得惨不忍睹。

一项事业的成功固然需要才干，但是自信心必不可少。要获得成功，无论如何都要从心灵上、从言行上、从态度上拿出"自信心"三个字来。这样，在无形中他人就会信任你，而你自己也会逐渐觉得自己的确是一个值得信赖的人。

约翰·摩根是美国的银行大王，也是哈佛人生哲学中多次引用"以自信创造成功自我"的实践者。

小摩根幼年时，他的父亲还是个小商人。后来家境渐渐富裕起来，他在波士顿中学毕业后，被送到德国留学。

第六章
做人要充满自信

摩根毕业回国时，他的父亲已经拥有巨资，可以提携他做生意。但是少年摩根性喜独立，决不依靠父亲。21岁的摩根，已经时常说："不错，我是朱尼尔斯·摩根的儿子，但我并不想借此而站立在世界上，我要成为一个独立的奇男子。"

就是由于这份自信，摩根不凭父荫，进入纽约的达卡西玛银行实习，从底层做起，掌握了国际间的复杂贸易关系和世界金融的微妙趋势。

摩根最为人乐道的事迹，就是在1900年12月12日接受查理斯·舒瓦的建议，说服铁路大王卡内基将他的公司出售，又和7家制钢公司订立合同，成立了工业史上最庞大的大钢铁托拉斯，拥有足足25万工人！

自信更是一种领袖应有的气质。很多伟人一路向前，好像有胜利追随着他们，这些人足迹所至，无往而不利；他们仿佛是一切事物的主人、一切行动的发号施令者。他们能傲视群雄、征服一切，这一切其实应归功于他们的自信。他们相信自己有克服一切艰难困苦的力量，他们相信自己享有一切胜利的专利。在他们眼里，为生存而竞争、去获取成功，仿佛都十分容易，他们能做到改变并控制自己的环境。他们也知道，自己是无所不能的人物之一。他们做任何工作都举重若轻，就像巨型的起重机搬动一件物品一样轻而易举。

普通人最应该效仿的成功气质就是永远乐观，从不犹豫，从不恐惧未来；只知道任何事情到了自己手里，一定要做成功，一定做得尽善尽美，仿佛世界上的伟大事业都必须得由自己来做。这种坚强有力、十分自信的人做起事来，才会从不瞻前顾后、从不迟疑不决，当事业上遇到任何困难障碍时才会决不后退，总能信心十足地靠着自己的卓越才能奋力越过。

这样做人更有魅力

成功者总是相信自己才华过人、精明干练，一切胜利无不在自己的掌握之中。他们也相信自己的精神不败、勇气永存，手里的任何事情总能做到十全十美。一个人失败的最大原因，就是不能充分相信自己的能力，甚至认为自己无法成功。

凡是想在社会上建功立业的人，首先要确信自己必定能够成功。他自信天生能够征服一切，而成功是他应享的权利，他能够征服任何阻碍，面对任何打击。如果希望自己出人头地，就应该尽可能地把一种观念灌输给自己：相信自己具有获得成功的能力。在内心深处时时提醒自己：大自然创造了我们，就是希望我们将来能够成就一番事业，能够成长为一棵世界上最伟大的树。要让自己确信：大自然赋予我们的内在力量是足以建功立业的。

记住这条原则：确信自己必有成功的把握，无异于替自己的精神打了一针兴奋剂，会使那些迟疑、恐惧、后退、彷徨的恶魔都纷纷避开。同时，希望、期待与能力都会像电流在身体里流过一般，使整个身体受到感应，把一个平庸的人改造成一个充满希望、前途远大的人。

一切胜利只属于各方面都有把握的人。那些即使有机会也不敢把握、不能自信成功的人，只能获得一个失败的结局。惟有那些有十足的信心、能坚持自己的意见、有奋斗勇气的人，才能保持在事业上的雄心，才能获得成功。

知识链接

自信是一面充满魅力的旗帜，它会把好运招至旗下。在充满自信的人身边，总会聚集一批受其感染的人，与他一道，共同开拓事业。凡是想在社会上建功立业的人，首先要确信自己必定能够成功。他自信天生能够征服一切，而成功是他应享的权利，他能够征服任何阻碍，面对任何打击。

第六章
做人要充满自信

2. 积极地进行自我评价

美国最权威的个人成长专家博恩·崔西经常这样说:"毫不夸张地说,一个有力的、积极的自我形象是成功人生的最合适的准备。"许多美国著名的心理学家都赞同他的这种观点,他们发现,过低的自我评价是许多心理问题产生的根源。一个人对自己的心理认知是其个性的核心。和其他影响人生的个别因素比起来,它更能起到决定性的作用。

为什么自我评价这么重要呢?因为一个人的自我评价决定了其对伴侣的选择,对职业的选择,对朋友的选择;决定了其对自己和周围的人的态度,其发展和学习的空间,其行动和反应;深深地影响着和其家庭成员的关系,其和同事的关系。

在一个大城市,我们很容易就可以认出贫民区的乞丐、精神病院里的慢性沮丧病患者、不可救药的吸毒者,以及监狱里的在押犯。这些人明显有着很差的自我评价。但是,在你每天遇到的所有的人中,要想判定出谁具有很强的自信心并不是一件容易的事情。最难做到的事情就是审视自己、了解自己对自己的真正的感受。

为了讲述积极的心态是什么,我们先阐述一下什么不是积极的心态。

(1)唯我独尊

有人说,"世界上最小的包裹就是以自己为中心的人。"实际上,成为不幸的人的模式中,第一个因素就是只考虑自己。那些只考虑自己和自己所需的人,他们最终会发现,得到的一切都不会给自己带来幸福。对他们来说,他们不可能得到那些对他们的成功至关重要的人的配合。他们的人际关系让人感到灰心与失

这样做人更有魅力

望。时常感到精神压抑的人就是那些认为自己是世界上最重要的人。以自我为中心的人最极端的表现就是孤独、绝望导致的自杀。任何一个以自我为中心的人，抱持的都是一种拙劣的、消极的心态。

（2）自鸣得意和自以为是

如果你打赌，那些从一项工作到另一项工作，从一种关系到另一种关系上奔波的人不想提升自我形象，那么你就输定了。每一种人际关系中都包含着风险，那些有着强烈的、积极的自我意识的人都甘愿冒着被伤害和失败的风险去成为他们能够成为的人。

（3）蔑视其他人

具有强烈的、积极的心态的人不会轻视那些没有他们所具备的优点的人，或者是那些地位、声望不如他们显赫的人。自卑的人的最大的缺点就是他们认为通过诋毁别人可以提升自己。

那么什么是积极自信的心态呢？

（1）接受本来的你

著名喜剧演员菲力普·威尔逊在很大程度上是由于成功地塑造了杰拉尔丁的形象而出名的。杰拉尔丁总是这样说："你看到什么你就会得到什么！"杰拉尔丁的这段话很滑稽——但这种态度对于一个人的发展来说倒很有益。

完全地、无条件地接受你自己是树立积极、自信心态的第一步。我们所有的人都有自己不喜欢的某些特性——但是我们却无法改变。

或许，我们认为，自己的鼻子太长，两只眼睛离得太近，个子太高或太矮等等。难道因为长得不完美你就觉得低人一等？没有谁绝对地完美，那么你又为什么力求完美呢？

"没有人十全十美……但在许多方面我是优秀的。"一个漂亮的年轻女孩的T恤衫上写着这样的话，所表达出来的就是接受"本来的自己"的思想。要相信你的很多方面是优秀的。当你把注意力放在你的个性、你的身体、你的资质的优秀的方面时，你就拥有了树立积极、自信心态的基础。接受独一无二、令人惊奇的你，然后在此基础上继续发展自己。

（2）对待他人持一种友好的、不带成见的态度

那些自我感觉很好的人认识到把自己和别人相比不是明智的做法。我们应该认识到，上帝创造了独特的你，也同样创造了独特的其他人。当你完全接受了你自己，你就会很容易接受别人了。实际上，那些对自己没有信心的人，他总是有一种对别人不信任、或者说是厌恶他人的感觉。

（3）乐于承担风险

我们注意到龙虾为了生长，必须要褪了旧壳，长出新壳。成长和学习的过程中总是伴随着风险。一个人如果想要去发展新的关系，或者是加深现有的关系，都要冒着受到伤害的风险。一份新的工作、一个新的位置、一个新的环境，带给人们幸福和满足的同时，同时也会存在许多危险。但是积极的人乐于为将来的收获付出一些代价。那些有强烈自信的人认识到：避免犯错误的办法只有一个，那就是什么都不去做——而这恰恰是最大的错误。

（4）自立、自主

那些认为自己很优秀的人懂得，自己遇到了挫折、自己有了缺点，不能怪罪别人、环境和社会。他们从自身寻找原因，思考采取什么样的方法才能解决问题、怎样才能使事情出现转机。你不会看到他们只是一味地去怨天尤人，你会发现他们竭尽自己的力量去发现解决问题的方法。他们也会接受帮助，但是他们考虑得更多的是给予。他们一般不谈论自由问题，因为他们一直很自由。

3. 点燃内心深处的自信之火

自信，是每个人内心深处的生命之火。只有将内心深处的自信之火点燃，生命才会焕发光明和灿烂。

成功人生，首先应当确定自己的理想和起跑线。这对每个人的成功都极其重要。没有理想，就没有前进的方向；没有起跑线，就无从规划自己的航程。有时，一个人有了地图和指南针仍然会迷失方向。只有当你知道你现在所处的位置时，地图和指南针才能发挥作用。

任何成功都起始于正确目标的导引。人生中同样也需要有某样东西来给你明确的指引，帮助你集中精力于你的目标。这东西只能由你自己提供，别人无法代劳。

使自己能集中精力的最佳办法，是把自己的人生目标清楚地表述出来。说到底，每个人都希望发现自己的人生目标，并为实现这个目标而生活。把人生目标清楚地表述出来，能助你时时集中精力，发挥出高效率。在表述你的人生目标时，要以你的梦想和个人的信念作为基础，这样做，有助于你把目标定得具体可行。

你可以界定你的人生目标，认真制定各个时期的目标。但如果你不行动，还是会一事无成。如果你不行动，再美好的目标也无法实现。

苦思冥想，谋划如何有所成就，是不能代替身体力行去实践的。没有行动的人只是在做白日梦。

4. 强化你的自信心

心理学家进行过这样一个实验：从一个班级的大学生中挑选一个愚笨、不招人喜欢的姑娘。教师要求同学改变态度，时时关照她，给予友谊。在一次风和日丽的郊游中，尽量向这位同学献殷勤，争先恐后地与她聊天，送她回家，给予她公主般的待遇，以假作真地打心眼里认定她是位漂亮聪慧的姑娘。日复一日，月复一月，一年之后，这位姑娘真的变了，举止妩媚婀娜，姿态动人，与以前相比判若两人。她逢人便说自己获得了新生。其实，她并没变成另一个人。在她身上展现出每一个人都蕴藏着的美，然而这种美只有在我们相信自己，周围的所有人都相信我们、爱护我们的时候才会呈现。

有一个男孩，看样子很机灵，可学习成绩却在中下等。究其原因，他回答说："我就是不如别人，我笨呗！"他的姨妈让人给他做了一次测验，智商是136，

这样可说是高水平的。他知道了自己原本是不笨的，由于有了自信心，他的学习成绩节节上升。后来，他随着父母移居美国，在那儿，他的学习成绩在班上也是领先的，16岁时便考入大学。

5. 培养内心的信念

要学会善待自己。把你取得的成功列成一张表格。当你静下心来回顾一下你所做过的事情时，你就会对你将要做的事情充满更强烈的自信。只有失败的人才把心思消磨在使人失败和削弱斗志的事情上。

一个人从小的时候就应当培养相信自己的习惯。在你还没有迈出第一步的时候，你就应当相信自己能够行走；在你还没会说第一句话的时候，你就应该坚信你终究会讲话；在你还没有开始做你的第一件工作的时候，你就要相信你能够完成很有意义的工作。你相信自己的同时，你也收获了成功。

6. 对要做的事情做好充分的准备

一个名叫德摩斯梯尼的年轻人，由于渴望和雅典的领导人谈话，登上了通常只有最著名的演说家才能使用的演讲台。他的声音细小、支支吾吾的，他的举止战战兢兢的，他的思维一片混乱，而且，他说得结结巴巴的。他的话刚一讲完，人群中就发出嘘声，将他赶下了演讲台。

但德摩斯梯尼并没有因此而一蹶不振。

"我再也不会做事先毫无准备的演讲！"他下定决心。同时他也的确做着准备。他对着爱琴海用尽全力地大声喊叫，来锻炼自己的音量；他站在摇摆的剑下演讲，以锻炼自己的勇气；他在舌根放上鹅卵石练习演讲，长达好几个小时，以克服自己口吃的毛病……他为演讲做了各种周密的准备，别人对他的这种做法很不理解。

等下一次再在集会上讲话时，他完全变成了另外一个人——善辩的言辞，有力的声音，严肃的举止。观众席里发出阵阵赞许的欢呼声。他的话刚一讲完，人群就齐刷刷地站了起来，同时喊道："真是太棒了！"

是什么使一个说话结巴、声音微弱、胆子又小的年轻人从失败中重新振作起来，并且成为雅典历史上最著名的演讲家？答案只有一个——充分的准备！他深知，第一次演讲的失败是因为他没有做好充分的准备。他之所以能克服他的自我怀疑和舞台恐惧心理，正是因为他对他要做的事情事先做好了充分的准备。

如果你想最大限度地发挥自己的能力，唯一的途径就是对你想要做的事情做好充分的准备。只有这样，你才能自信地步入生活的各个领域，同时带着勇气和自豪，去面对你的每一个同事。

只有当你对自己的工作有了初步的了解，掌握了做此工作最基本的技能，才具备了成为一个专家的条件。下面讲的是一个能让别人被她的音乐感动得热泪盈眶的钢琴大师的故事。

"您多长时间练一次琴？"一个热衷于音乐的年轻的音乐家问。

"每天6次。"这个老人回答。

"但是，夫人，"这个年轻人不解地问，"您已经演奏了这么多年，而且您又这么有名……"

"我希望自己成为极优秀的……"这个博学的老人答道。

自信是那些获胜者强于其他的竞争对手的优势。对自己能力的信任，只能来自于事先的充分准备。

7. 和信任自己的人交朋友

对自我的认识是最重要的，我们倾向于依赖我们对自身的期望而生存。但是，别人对你的评价对你树立自信有着很大的影响，因为我们也努力地去迎合周围的人对我们的期望。给孩子们讲述他们生活中曾做过的所有的傻事，他们长大以后，也会回忆起这些可笑的经历；对他们抱以成就伟大事业的期望，他们也会乐于向这个目标努力。

你是否注意到有人在削弱你的自信，使你陷入对自己能力的怀疑中去呢？但是，你却从那些鼓励你树立自信的人那里汲取力量。有时，你会惊奇地发现，你周围那些削弱你的自信的人并不是真正伟大的人；相反，他们通常是那些心胸狭窄、终日只知抱怨的人。通常，那些有理由贬低你的能力的人，也是最有可能鼓励你去尝试的人。例如，我的一个很幽默的朋友，有一次对我说："我的朋友都不相信我能成为一个有名的演说家。于是，我极力地朝这个目标努力，结果，我终于成功了。同时，我也重新结交了一些新朋友。"

历史上一些巨大的成功就是借由爱人或者是可信任的朋

友的一句鼓励的话语、一个支持的举动而取得的。如果没有自信的妻子索菲，我们就不会在名人文献中找到纳撒尼尔·霍桑的名字了。当纳撒尼尔·霍桑绝望地回到家里，告诉他的妻子他在海关的工作被解雇了，并且认为自己是一个失败者的时候，妻子兴奋的惊叹使他感到很吃惊。

她带着成功的喜悦说道："你现在有时间写你自己的书了！"

"是的。"他重新振作起来回答，"但，我写书时咱们依靠什么生活？"

令他更惊愕的是，妻子打开抽屉，从里面拿出了一大笔钱。

"你到底从哪儿拿来了这么多钱？"他大声问。

"我一直以来都坚信你是一个有天赋的男人。"她说，"我也知道总有一天你会写出一本名著。于是每星期，我就从你给我贴补家用的钱中拿出一部分积攒下来。我已经攒了一些钱，这些钱足够我们整整一年的开销。"

她的希望和信任成就了美国文学中最著名的小说——《红字》。

要加强和那些有助于你树立自信，对你抱有殷切期望的人和激励你完成你所能做的事的人交往。有时，你会在一些名著中发现这样的人。美国前总统约翰·肯尼迪经常研究历史上的伟人事迹，同时他也模仿这些人，用这些伟人的领导能力和习惯，作为自己生活的榜样。

你也能通过鼓励别人树立自信，或鼓舞他们发挥他们真正的潜力，来树立自己的自信心；你会在和他人相互鼓励和彼此支持中树立起更强烈的自信。

8. 不要让失败把你击垮

一个人避免犯错误的唯一途径就是将要犯下的最大的错误——什么也不去

这样做人更有魅力

做。某些错误确实有可能带来严重的结果——有时，甚至会错失轻易解决问题的良机。然而，如果没有这些严重的失败、不幸或错误，就不会有由此造就的任何美好的事物的出现。

明智的人总是寻求从失败和错误中领略出一些有价值的东西。失败的人却从未从经历和遇到的困难中学到任何东西。

"我已经在这待了20年了。"一个在公司晋职中没有被提拔的人向老板抱怨说，"我比你刚刚提拔的人多20年的工作经验。"

"不，查理，"他的老板说，"你只不过把一年的工作经验重复了20年而已。你没有从你犯的错误中吸取过任何教训，你仍然重复着和你刚上班时犯的同样的错误。"

这是一个多么让人悲哀的故事！即使一个错误看上去无足轻重，也不要在没从中学到任何东西时就放过它。

"我们白白浪费了这么多时间！"一个年轻的助手对爱迪生喊道，"我们已经做了两万次实验，但至今也没有发现可以用来做灯丝的材料！"

"哦！"这个天才答道，"但是我们至少已经知道，有两万种材料不适合做灯丝。"

这种不屈不挠的精神，最终使爱迪生发明了能发光的灯丝，从而推动了历史的进程。

树立自信的一个重要步骤，就是学会正确对待自己的错误和失败。关键在于不能一时没有成功就失去安全感，而是要进行更深层次的思考。将失败和错误与你的长远目标、你生活中最基本的目标，和你与生俱来的、作为一个人最根本的价值观进行对比，而不是和一时的结果进行对比，你就能树立并保持你的自信。没有任何错误可以埋没你作为一个人本身具备的价值。

大多数错误只不过是让你在完成你生命中的目标过程中稍稍停留下来。很少有错误是致命性的。大多数情况下，一个人对错误表现出来的不正确的态度，才是致命性的，或者说是有极大的破坏作用的。一个从失败和教训中重新振奋的人，就能更好地为未来做充分的准备。

知识链接

明智的人总是寻求从失败和错误中领略出一些有价值的东西。失败的人却从未从经历和遇到的困难中学到任何东西。

9. 学会接受建设性的批评

"我的老师不喜欢我！"小女孩对她的爸爸说。

"你为什么那样说？"爸爸问。

"这张试卷她给我的成绩是'F'。"小女孩很快地回答，"你看看她在我的试卷上画满了红色的记号！"

"我想她一定很喜欢你。"爸爸看完试卷说，"她知道你本来应当比现在做得更好。她甚至不怕麻烦，还为你标出如何去改正它。"

没有人喜欢受到批评。即使我们明知自己没有做到最好，听到我们喜欢的人说他们知道我们可以做得更好时，对我们来说也是一种伤害。但我们真正的朋友，却不容许我们做事粗心大意或不尽心尽力。他们会温和地，一直是这样温和地告诉我们，他们对我们抱着很大的期望。这种批评，在他们自己的心目中，实际上就是一种变相的夸奖。学会和蔼地接受这些有益的批评，不仅能增强我们的工作能力，而且能使我们认识到自己拥有能做得更好的能力，从而帮助我们树立更坚强的自信。

由嫉妒、缺乏自信或对别人的不赞同而产生的"恶劣的攻击",完全是另外一种情况。你越是成功,你在工作方面做得越出色,你遭受的抱怨也就越多。对待这样的批评最好的方法就是置之不理。它通常对你的成功没有任何帮助,而它通常会摧毁你的自信。如果有可能,就从中去学一点你能学到的东西。要不然,就干脆把它忘掉,接着做自己的事情。

10. 保持开阔的视野

没有新的挑战,我们的思想就会僵化。只要是你认为回忆比你的目标重要得多时,你就算是步入了老年。例如,美国著名教士诺尔曼·文森特·皮尔,就是一个不为年龄所限、不安于现状的伟大人物。他一直坚持写作,发表鼓舞人心的演讲,和那些渴望寻求"积极思维的力量"的人互相切磋。他一直坚持这样做,直到他90岁高龄。皮尔教士是我知道的、他所呼吁的"热情决定不同"的最好

的实践者。他是一个逐渐变得自信的人,因为他有着不断开拓进取的精神。

一个依赖过去的成就生活的人,和那些不能不断地使自己增强自信的人,会逐渐失去对自己曾经具有的能力的信任。慢慢地,他们开始越来越多地谈论着他们的过去,越来越少地谈及将来的奇妙的时光。我想你一定看过对过去生活场景进行描述的电影:

第六章
做人要充满自信

一个拳击手对一个小伙子讲述他过去取得的荣耀，或一个年事已高的运动员，透过昏花的老眼，流连他过去曾经获得的战利品。

这种情况未必都发生在年长的人身上。最近，一个刚过30岁的年轻人告诉我说，他已经到达了为自己设定的生活目标，现在对生活感到厌倦。在针对国民精神健康所出现的问题的分析中，像"衰竭""中年危机"和"过早地隐退"这样的术语，出现得越来越普遍。对自信最恰当的比喻，莫过于一句古老的谚语："不断地学习、进取和向往。"

我们对自身能力的信心，是以一种自身的责任感、对人生价值的正确认识和我们对我们周围社会的贡献为依托的，这种对能力的信心，只有在我们达到一个新的目标时才能体会到。

11. 战胜自卑并不难

自卑是成功之路上的绊脚石，克服自卑、越超自卑才能够向着成功的未来潇洒前进。不要怕别人嘲笑，只要你有勇气拿得起，有勇气去挑战，你就会成就辉煌。

几年前，许多人喜欢看NBA的夏洛特黄蜂队打球，特别喜欢看1号博格士上场打球。

博格士身高只有1.6米，在东方人里也算矮子，更不用说在身高2米都嫌矮的NBA了。

据说博格士不仅是现在NBA里最矮的球员，也是NBA有史以来破纪录的矮子。但这个矮子可不简单，他是NBA表现最杰出、失误最少的后卫之一，不仅控球一流，远投精准，甚至在高个子队员的包围中带球上篮也毫无所惧。

这样做人更有魅力

每次球场上看到博格士像一只小黄蜂一样满场飞奔,观众们的心里总忍不住赞叹。我想他不只安慰了天下身材矮小而酷爱篮球者的心灵,也鼓舞了平凡人内在的意志。

博格士是不是天生的好手呢?当然不是,那也是意志与苦练的结果。

博格士从小就长得特别矮小,但他非常热爱篮球,几乎天天都和同伴在篮球场上玩耍。当时他就梦想有一天可以去打NBA,因为NBA的球员不只是待遇奇高,而且也享有风光的社会评价,是所有爱打篮球的美国少年最向往的梦。

每次博格士告诉他的同伴:"我长大后要去打NBA。"所有听到他的话的人都忍不住哈哈大笑,甚至有人笑倒在地上,因为他们"认定"一个1.6米的矮子是绝不可能打NBA的!

然而,他们的嘲笑并没有阻断博格士的志向,他用比一般高个人多几倍的时间练球,终于成为全能的篮球运动员,也成为最佳的控球后卫。他充分利用自己身高矮小的"优势",行动灵活迅速,像一颗子弹一样,运球的重心低,不会失误;个子小不引人注意,抄球常常得手。

博格士不怕人嘲笑,能够巧妙地把自身的"劣势"转换成"优势",所以,他创造了自己的奇迹。放下自卑的心理,拿出必胜信心,当你的劣势转化为优点后,你的成功就会指日可待。

在心理学中,自卑属于性格上的弱点,它是和一个人不能正确认识自己和评估自己相关联,总觉得自己不如别人,在行为上往往表现出顾虑重重,怕他人讥讽、嘲笑,畏缩不前,自惭形秽。

自卑心理往往是与他人相比较得出的。如果一个人在做着前人未做过的事，虽然遭受失败，但在没有攀比对象的情况下，通过对失败经验教训的总结，一般人是不会形成自卑心态的。如果你与他人做着同样的事情，他人成功了，你却失败了，自己又找不出做不好的原因，对失败与挫折不能泰然处之，往往感情用事，争强好胜，因此，遭受失败和挫折的次数会更多。长此以往，就可能产生自己不如他人的自卑心理。

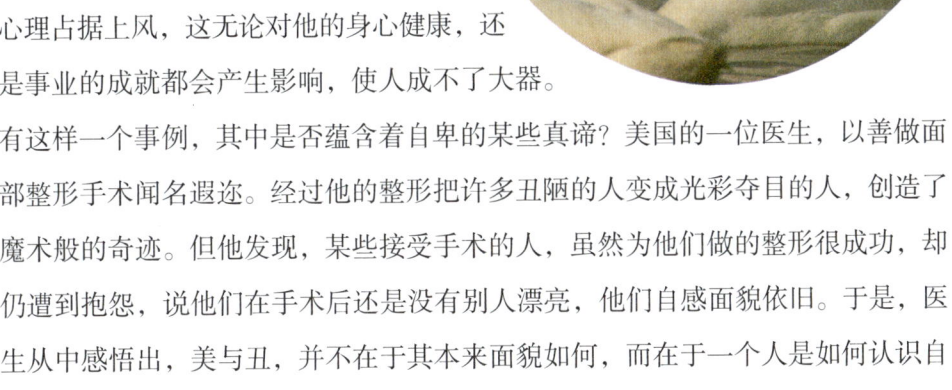

一个人的生活和工作，如果让自卑心理占据上风，这无论对他的身心健康，还是事业的成就都会产生影响，使人成不了大器。有这样一个事例，其中是否蕴含着自卑的某些真谛？美国的一位医生，以善做面部整形手术闻名遐迩。经过他的整形把许多丑陋的人变成光彩夺目的人，创造了魔术般的奇迹。但他发现，某些接受手术的人，虽然为他们做的整形很成功，却仍遭到抱怨，说他们在手术后还是没有别人漂亮，他们自感面貌依旧。于是，医生从中感悟出，美与丑，并不在于其本来面貌如何，而在于一个人是如何认识自己的。自惭形秽的人是绝不会变成美人的。

12. 避免说自己的弱点

你特别不喜欢别人贬低你，是不是？你尤其不喜欢虚假的或者是在某种程度

这样做人更有 **魅力**

上真实的消极的评论，对不对？然而，一个破坏性的自我批评对你造成的伤害，却 10 倍于别人对你的批评。那些总是说自己缺点的人，到后来真的相信自己有这么多的缺点。一旦他们相信，他们的行动就处处受到自己的想法的规制，他们就会真的变成他们自己所说的那样一无是处的人。

但是这种现象还有另一方面。当一个人拥有积极思维并且在内心里这样评价自己时，他们就开始相信自己的这些优点，就会变成他们自己认定的那种令人兴奋的人。积极的评价——你对自己的赞扬——能够让你建立起自尊。

你不能忽略你自己或者别人做出的所有批评。如果你一星期不洗一次澡，身上发出一种体臭气味，不理会自己的嗅觉和朋友的掩鼻是愚蠢的！要学会区分一种评价是破坏性的还是建设性的。当别人有消极的评论时，想想你是否能或者说应该做点儿什么了。最重要的一点是：不要养成以不适当的批评来贬低自己的习惯。要养成一个欣赏自己的优点的习惯，你就会发现你更加喜欢自己了。

13. 塑造自己的坚强个性

一个人的自卑心理往往是由于对自己能力不正确的评价造成的。人的能力有大小，这是事实，但人的能力绝不只是一般的认识特点或操作特点，不单纯是由固定的理智方面的因素组成的。它属于活生生的个体人的能力，它和每个人都具有的个性相联系。中国古时就有人提出"勤能补拙"，即是说，勤奋能补偿某方面能力的不足。

美国心理学家汤姆对 150 名有成就的智力优胜者的研究表明，智力的发展

第六章
做人要充满自信

不仅在于智力本身，也和性格特征有关。汤姆认为，智力优胜者和四种性格特点有关：第一，为取得成功的坚持力；第二，善于为实现目标不断积累成果；第三，自信心；第四，不自卑。朋友们，让我们在完善我们的性格品质中，克服自卑心理吧！

每个人都有自己的优点，也有短处，这一方面不成，也许另一方面强于别人。既不能笼统地与别人相比较，更不能拿自己的短处和别人的长处相比较，而应是扬己之长，补己之短。古希腊的哲学家苏格拉底虽然相貌丑陋，但他矢志科学，在哲学上的成就使他誉满全球，这就是一种巨大的补偿。

人与外界环境的联系和交往渠道是多方面的，这条渠道不通了，还可以开辟另一条渠道，何必庸人自扰？只要我们懂得"得和失""利和弊"的辩证关系，就不会受到自卑心理的支配。

俗语说"失败为成功之母"，只要我们敢于正视失败，就会克服和战胜各种困难。在工作和学习上，或许遇到几次挫折，成绩不如他人。但这并不

117

这样做人更有魅力

足以说明自己的智力就一定不如别人。拿学生考试成绩来说，影响考试成绩的主、客观因素很多，一遇考试就心慌、胆怯，考不出好成绩，这不能说是智力水平问题，这可能是不良的个性因素造成的。这种情况可以通过调节自己的心理活动解决。只要有信心和决心总结经验，振奋精神，完全可以克服困难，取得成功。

第七章
做人要学会控制情绪

这样做人更有魅力

1. 驾驭自己的负面情绪

负面情绪很难用科学字眼来解释，但是每个人都知道这是怎么回事。

保罗在一家夜总会里做事，收入不多。然而，他总是过着非常快乐的生活。

保罗很爱车，但是，凭他的收入想买车是不可能的事情。与朋友们在一起的时候，他总是说："要是有一辆车该多好啊！"眼中尽是无限向往之情。

后来有人说："你去买彩票吧，中了大奖就可以买车了！"

于是保罗买了两美元的彩票。可能是上天过于垂青他了，朋友们几乎不敢相信，保罗就凭着两美元的一张彩票，果真中了大奖。

保罗终于实现了自己的愿望，他买了一辆车。他整天开着车兜风，夜总会也去得少了，许多人看见他吹着口哨在林荫道上行驶，车子擦得一尘不染。

一天，保罗把车泊在楼下。半小时后他下楼时，发现车被盗了。

刚开始，保罗有些遗憾，但更多的是气愤，他恨透那个偷车贼了。他晚上思考了很久，第二天早晨，他又变得很开心了。

几个朋友得到消息，想到他那么爱车，这么多钱买的车，眨眼工夫就没了，都担心他受不了，就相约来安慰他。

保罗正准备去夜总会上班，朋友们说："保罗，车丢了，你千万不要悲伤啊！"

保罗却大笑起来："嘿，我为什么要悲伤啊？"

第七章
做人要学会控制情绪

朋友们互相疑惑地望着。

"如果你们谁不小心丢了两美元，会悲伤吗？"保罗说。

"那当然不会！"有人说。

"是啊，我丢的就是两美元啊！"保罗笑道。

是的，保罗之所以过得快乐，就因为他能够驾驭生活中的负面情绪。

负面情绪会成为前进道路上的桎梏，如果对负面情绪采取放任自流的态度，就会很容易影响生活。一个不能丢掉负面情绪的人，不可能成功。

几年前，东京电话公司处理了一次事件。一个气势汹汹的客户对接线生口吐恶言，他怒火中烧，威胁要把电话连线拔起。他拒绝缴付话费，说那些费用是无中生有。

他写信给报社，并到公共服务委员会做了无数次申诉，也告了电话公司好几状。最后，电话公司派一个最干练的调解员去会见他。

调解员来到客户家里，道明来意。愤怒的客户痛快地把他的不满发泄出来，调解员静静地听着，不断地说"是的"，同情他的不满。这次见面花了6个小时。

调解员与愤怒的客户就这样会了4次面，到最后，客户变得友善起来了。

调解员说："在第一次见面的时候，我甚至没有提出我去找他的原因。第二、第三次也没有。但是第四次我把这件事完全解决了。他把所有的账单都付了，而且撤销了那份申诉。"

事实上，那个客户所要的是一种重要人物的感觉。他先以口出恶言和发牢骚的方式取得这种感受。但他从一位电话公司的代表那儿得到了重要人物的感觉后，无中生有的牢骚就化为乌有了。

这个高情商的调解员就这样轻易地驾驭了负面情绪，把负面情绪转化成了一种成功的动力。

保持健康的情绪状态，还需要在头脑中装上一个控制情绪活动的"阀门"，让情绪活动听从理智和意志的节制，而绝对不能放任自流。

这样做人更有魅力

凡是能理智和有效地节制情绪的人,也就能基本保持情绪的平静和稳定,这是他取得成功的关键。

驾驭自己的负面情绪,努力发掘、利用每一种情绪的积极因素,是一个高情商者所需的基本素质,也是一个人成功的基本保证。

许多不善于利用自己情感智力的人,面对负面情绪侵扰的时候,总感到无所适从,心灵任其啃噬。

不少人特别在意别人对自己的感觉。诸如,自己穿了件时装,别人会怎样评价;自己的某个动作,别人会如何看待;甚至不小心说了一句什么话,也会后悔不迭,总担心别人会因此对自己有看法。生活在别人的眼光中,是非常累的,无疑会对自己的情绪有负面影响。

莫娜在某届运动会上被公认为夺冠人选,她进场时引起了大家的欢呼,她也很高兴地对大家挥手致意。

不料,这时的她被台阶绊了一下,摔倒了。

面对如此多的观众,莫娜感到十分没面子,心里升腾起一种羞愧的感觉,直到进入比赛,她还没有从羞愧的情绪里走出来。结果,她没有发挥出自己的水平,比赛成绩远远落在了其他队员的后面。

其实,一些小事根本就不值得一提,别人根本没有在意或早已忘却,只有你还记在心里,耿耿于怀,这就是人们无法战胜自己的体现。人们总是努力地想去扮演一个完美主义者的形象,然而这似乎太苛刻了,只会加重你情绪的负面影响,给你的心理造成障碍。

契诃夫的小说《小公务员之死》中,那个可怜的小公务员在看戏时,不幸与部长大人坐到了一起,把唾沫星子弄到了部长的大衣上,他就神经质地变得惶惶不安起来。无论他如何解释,部长大人好像都没有原谅他的意思。这个小公务员在巨大的精神压力下,竟然一命呜呼了。

生活中,同样有不少人把不经意的小事装在心里,寝食难安,成为影响自己的负面情绪。

生活中小小的失误不妨由它去吧，丢掉你心中的负面情绪，学会轻松地生活，那样，一切都将美好起来。

2. 学会克制和忍耐

清代学者傅山说过：愤怒达到沸腾时，就很难克制住，除非"天下大勇者"才能做到。中国古语讲："小不忍则乱大谋。"如果你想和对方一样发怒，你就应想想这种爆发会产生什么不良后果，你就应该约束自己、克服自己，无论这种自制是如何吃力。

汉初名臣张良外出求学时曾遇到一件事。一天，张良在下邳桥上遇到一个老人。老人穿着粗布衣服，在那里坐着，见张良过来，故意将鞋子掉到桥下，冲着张良说："小子，下去给我把鞋捡上来！"张良听了一愣，本想发怒，因为看他是个老年人，就强忍着到桥下把鞋子捡了上来。老人说："给我把鞋穿上。"张良想，既然已经捡了鞋，好事做到底吧，就跪下来给老人穿鞋。老人穿上后笑着离去了。一会儿又返回来，对张良说："你这个小伙子可以教导。"于是约张良再见面。这个老人后来给张良传授了《太公兵法》，使张良最终成为一代良臣。

老人考察张良，就是看他有没有遇辱能忍、自我克制的修养。有了这种修养，"孺子可教也"，今后才能担当大任，处理那些复杂的人际关系和艰巨的事情，才能遇事冷静，知道祸福所在，不意气用事。我们在平时要注意这种修养，处理好所遇到的人和事。

唐代宰相娄师德的弟弟要去代州都督府上任。临行前，娄师德对弟弟说："我没多少才能，现位居宰相，如今你又得州官，得的多了，会引起别人的嫉恨。该如何对待？"他弟弟回答说："今后如果有人往我脸上啐唾沫，我也不说什么，自己擦了就是。"娄师德说："这正是我担心你的。那人啐你，是因为愤怒，你把它擦掉了，这就是抵挡那人怒气的发泄。唾沫不擦自己也会干的，倒不如笑而接受呢。"

娄师德兄弟的这番谈论，有打比方、开玩笑的成分，其中意思就是要忍耐，要退让，不要去和对方"针尖对麦芒"。不然，就会更加激怒对方，使矛盾尖锐化，带来更严重的后果。

法国有这样一则故事：

阿兰·马尔蒂是法国西南小城塔布的一名警察。这天晚上他身着便装来到市中心的一间烟草店门前，他准备到店里买包香烟。这时店门外一个叫埃里克的流浪汉向他讨烟抽。马尔蒂说他正要去买烟。埃里克认为马尔蒂买了烟后会给他一支。

当马尔蒂出来时，喝了不少酒的埃里克缠着他索要烟。马尔蒂不给，于是两人发生了口角。随着互相谩骂和嘲讽的升级，两人情绪逐渐激动。马尔蒂掏出了警官证和手铐，说"如果你不放老实点，我就给你一些颜色看。"埃里克反唇相讥："你这个混蛋警察，看你能把我怎么样？"在言语的刺激下，二人扭打成一团。旁边的人赶紧将两人分开，劝他们不要为一支香烟而发那么大火。

被劝开后的埃里克骂骂咧咧地向附近一条小路走去，他边走边喊："臭警察，有本事你来抓我呀！"失去理智、愤怒不已的马尔蒂拔出枪，冲过去，朝埃里克连开四枪，埃里克倒在了血泊中……

法庭以"故意杀人罪"对马尔蒂作出判决，他将服刑30年。

第七章
做人要学会控制情绪

一个人死了，一个人坐了牢，起因是一支香烟，罪魁祸首是失控的激动情绪。

生活中我们常见到当事人因不能克制自己，而引发争吵、打架，甚至流血冲突的情况。有时仅仅是因为甲踩了乙的脚，一句话说得不恰当，就引起冲突。在乘地铁时争抢座位，在公交车上挨了一下挤，都可能成为引爆一场口舌大战或拳脚演练的导火索。在社会治安案件中，相当多的案件都是由于当事人不能冷静地处理事情而发生的。

人皆有七情六欲，遇到外界的不良刺激时，难免情绪激动、发火、愤怒，这是人的一种自我保护的本能和心理反应。但这种激动的情绪不可放纵，因为它可能使我们丧失冷静和理智，使我们不计后果地行事。因此，我们在遇到事情时，在面对人际矛盾时，要学会克制，学会忍耐，不要像炮捻子，一点就着，而应该像俗话说的那样：忍一忍心平气和，退一步海阔天空。

如果你忍不住别人的刺激又快要如火山一样爆发，就试试曾是美国总统的杰弗逊所教的方法："生气的时候，开口前先数到十，如果非常愤怒，就数到一百。"

3. 不要让愤怒的情绪冲出来

做人常有两种类型：一是理智型，二是情绪型。前者能够控制住自己的情绪，冷静地处理所面临的问题；而后者则动辄愤怒，不计一切后果。实际上，我们每个人都免不了动怒，愤怒情绪也是做人的一大误区，是一种心理病毒。也许你会说："是的，我也明知自己不该发怒，但就是控制不住自己。"若你是一个欲成大事者，你就应该注意，力戒让愤怒情绪从你的身上冲出来。

这样做人更有魅力

同其他所有情绪一样,愤怒不会无缘无故地产生。愤怒是你经历挫折和不愉快后的一种天性反应,消极地对待与你的愿望不相一致的现实。事实上,极端愤怒是精神错乱——每当你不能控制自己的行为时,你便有些精神错乱。因此,每当你气得失去理智时,你便暂时处于精神错乱状态。当你遇到不合意愿的事情时,就告诉自己:事情不应该这样或那样,于是你感到沮丧、灰心;然后,你便会作出自己所熟悉的愤怒的反应,因为你认为这样会解决问题。

但只要你不去改正,你的愤怒情绪将会阻止你做好事情。成大事者是不会让愤怒情绪所左右的。历史上有好多这样的例子,一个人只有压下怒火,不伤和气,才能成功。而凭着一怒之气行事的则大多失败了。

在三国时期,关云长失守荆州,败走麦城被杀,此事激怒刘备,遂起兵攻打东吴,众臣之谏皆不听,实在是因小失大。正如赵云所说:"国贼是曹操,非孙权也。宜先灭魏,则吴自服,操身虽毙,子丕篡盗,当因众心,早图中原……不应置魏,先与吴战。兵势一交,不得卒解也。"诸葛亮也上表谏止曰:"臣这等切以吴贼逞奸诡之计,致荆州有覆亡之祸;陨将星于斗牛,折天柱于楚地,此情哀痛,诚不可忘。但念迁汉鼎者,罪由曹操;移刘祚者,过非孙权。窃谓魏贼若除,则吴自宾服。愿陛下纳秦宓金石之言,以养士卒之力,别作良图。则社稷幸甚!天下幸甚。"可是,刘备看完后,把奏表掷于地上,说:"朕意已决,毋得再谏。"执意起兵大军东征,最终导致兵败。

从这件事中就可看出,在关键时刻是不可以让怒火左右情感的,不然就会为此付出代价。

第七章
做人要学会控制情绪

其实，并非人人都会不时地表露自己的愤怒情绪，愤怒这一习惯行为可能连你自己也不喜欢，更不用说他人感觉如何了。因此，你大可不必对它留恋不舍，它不能帮助你解决任何问题。任何一个精神愉快、有所作为的人都不会让它跟随自己。

每当你以愤怒来应对他人的行为时，你会在心里说，"你为什么不跟我一样呢？这样我就不会动怒，甚至会喜欢你。"然而，别人不会永远像你希望的那样说话、办事，实际上，他们在大多数情况下都不会按照你的意愿行事。这一现实永远不会改变。所以，每当你为自己不喜欢的人或事动怒时，你其实是不敢正视现实而让自己经受情感的折磨，从而使自己陷入一种惰性。为根本不可能改变的事物自寻烦恼真是太愚蠢了。其实，你大可不必动怒，只要你想想，别人有权以不同于你所希望的方式说话、行事，你就会对世事采取更为宽容的态度。对于别人的言行，你或许不喜欢，但绝不应动怒。动怒只会使别人继续气你，并会导致生理上、心理上的病症。真的，你完全可以做出选择——要么动怒，要么以新的态度对待世事，从而最终消除愤怒。

也许你认为自己属于这样一类人，即对某人某事有许多忿忿不平之处，但从不敢有所表示。你敢怒不敢言，成天忧心忡忡，最后积怨成疾。但是，这并不是那些咆哮大怒的人的反面。在你心里，同样的有这样一句话："要是你跟我一样就好了。"你心想，别人要是和你一样，你就不会动怒了。这是一个错误的推理，只有消除这一推理，你才能消除心中的怨怒。以新的思维方式看待世事，以致根本不动怒，这才是最为可取的。你可以这样安慰自己："他要是想捣乱，就随他去，我可不会为此自寻烦恼。对他这种愚蠢行为负责的，是他不是我。"

愤怒是一种不良的情绪状态。古代素有"怒伤肝、喜伤心、忧伤肺、思伤脾、恐伤肾"的说法。发怒，完全是一种可以消除与避免的行为，只要好好地把握自己，你就可以让自己走出这一误区。当然，你需要选择很多新的思维方式，并且需要逐步实现。每当你遇到使你愤怒的人或事时，要意识到你对自己说的话，然后努力用思维控制自己。从而使自己对这些人或事有新的看法，并做出积极的反应。下面是消除愤怒情绪的若干具体方法：

（1）当你感到愤怒时，冷静地思考，提醒自己：不能因为过去一直消极地看待事物，现在也必须如此，自我意识是至关重要的。

（2）当你想用愤怒情绪教训人时，可以假装动怒，提高嗓门或板起面孔，但千万不要真的动怒，不要以愤怒所带来的生理与心理痛苦来折磨自己。

（3）当你想发怒时，提醒自己，人人都有权根据自己的选择来行事，如果一味禁止别人这样做，只会加深你的愤怒。你要学会允许别人选择其言行，就像你坚持自己的言行一样。

（4）请可信赖的人帮助你。让他们每当看见你动怒时，便提醒你。你接到信号之后，可以想想你在干什么，然后努力推迟动怒。

（5）当你要动怒时，花几秒钟冷静地描述一下你的感觉和对方的感觉，以此来消气。最初10秒钟是至关重要的，一旦你熬过这10秒钟，愤怒便会逐渐消失。

（6）不要总是对别人抱有期望。只要没有这种期望，愤怒也就不复存在了。

（7）改变心态。愤怒常常是虚荣心强、心胸狭窄、感情脆弱、盛气凌人所致。对此，可以用疏导的方法将烦恼与怒气导引到高层次，升华到积极的追求上，以此激励起发奋的行动，达到转化的目的。

（8）主动控制。用自己的道德修养、意志修养缓解和降低愤怒的情绪。比如有人在要发泄怒气时，心中默念"不要发火，息怒、息怒"，会收到一定效果。

总之，应当提高自己控制愤怒情绪的能力，时时提醒自己，有意识地控制自己情绪的波动。千万别动不动就指责别人，喜怒无常，改掉这些坏毛病，努力使自己成为一个容易接受别人和被别人接受、性格随和的人。只有这样的人，才能深悟以"和"为本的做人之妙。

4. 性情豪爽别过头

男人性情豪爽是一件好事，但是态度过于随便的人却难以获得别人的尊敬，而且这种性情的人还会给自己的生活增加一些麻烦。比如，他们由于说话不注意分寸而常常会惹长辈生气；不顾场合地开玩笑，无意间会伤害朋友。另外，对待身

份和地位比你高的人采取这种毫无顾忌的态度，则会使对方觉得你没有涵养，不值得重用；对待身份和地位比你低的人时态度过于随便，也容易使对方误解，让他以哥们意气相待，甚至提出不当的要求。开玩笑的情形也是如此，如果你凡事都喜欢开玩笑，即使在讲正经话的时候，也很难叫人相信。

个性豪爽的人虽然比较好相处，但要受人尊敬，你就应该善于利用这种豪爽。以我们自己的生活体验，在一些娱乐性的场合，我们经常会希望这类人的加入。比如，因为那个人歌唱得很好听，我们感觉和他相处得很愉快；或者因为某人舞跳得很好，所以我们乐意找他去参加舞会；或者因为他喜欢讲笑话，非常有趣，所以我们高兴约他一起去吃饭……

人们之所以乐意在这些场合找他，主要是为了娱乐的需要。但是，如果人们只是在这种时候才想到他，这并不是一件什么好事，也不是在真正夸赞一个人，反过来有可能是在贬损他。至少一个只有娱乐这方面"优势"的人，是不会被他

这样做人更有魅力

人委以重任的，因而也不会受到人们发自内心的尊敬。

如果一个人仅以一方面的特长去获得别人的友谊，这样的人其实是没有什么价值可言的。由于他不具备其他特长，或者不懂得如何来发挥其他方面的优点，他也就很难得到他人的尊敬。记住：一个重要的处世原则就是，不论在任何时刻、任何境地，都要保持一种"稳重"的生活方式和处世态度。

那么，到底怎样才是具有稳重的态度呢？所谓具有稳重的态度，就是在待人接物中要保持一定的"威严"。当然，这种带有一定威严的态度与那种骄傲自大的态度是完全不同的，甚至可以说是与之完全相反。这种反差就如同鲁莽并不是勇敢的表现，乱开玩笑并不是幽默一样。我们这样说，并无意去贬低那些具有骄傲自大态度的人，但是傲慢、自负的人确实很容易惹人生气，甚至让人嘲笑或轻蔑。

你应该同那些故意将物品价格抬高的商人打过交道吧！对待这样的商人，我想你也会绝不心软地把价格杀低，这与我们在对待喊价合理的商人的态度截然不同，对待后一类商人，我们是绝对不会刁难他们的。同购物的情形类似，我们对待那种傲慢自负的人，要么会将他自我标榜的"价码"拉下来，要么轻蔑地看他一眼，然后离他而去。

一个具有稳重态度的人，是绝对不会随便向别人溜须拍马的，他也不会八面玲珑，四处去讨好他人，更不会去肆意滋事造谣，在背后批评别人。具有这种态度的人，不仅会将自己的意见谨慎清楚地表达出来，而且还能平心静气地倾听和接受别人的意见。如此待人处世的态度，则可以说是一种具有稳重的威严感的态度。

这种稳重的威严感也可以从外在表现出来，即在表情或动作上表现出慎重其事的模样。当然，如果你能在此基础上再加上生动的机智或高尚的气质这种内在的东西，就更能增进你的尊严感。相反，如果一个人凡事都采取一种嘻嘻哈哈，对任何事都无所谓的态度，在体态上总是摇摇晃晃，显得极不稳重，就会让人觉得十分轻浮。如果一个人的外表看上去非常威严，但在实际行动上却草率之至，做事极不负责任，这样的人也仍然称不上是一个具有稳重威严感的人。

第七章
做人要学会控制情绪

5. 不要成为感情的奴隶

每个人都有七情六欲，感情是人类特质的一种思维，它既浅薄又深厚，既纯真又费解。它像一只无形的手，不时地在左右着我们对各种事情的处理。但是，一个真正有理智的人是不会轻易地让感情控制住自己的，他在处理事情的时候绝不会感情用事，以致缺乏冷静的思考。

在莎士比亚著名的戏剧《奥赛罗》当中，男主人公奥赛罗就是由于缺乏理智，感情用事，一味地轻信小人伊阿古的谗言，而亲手杀死了自己心爱的妻子苔丝狄蒙娜。当事情真相大白之后，奥赛罗终于明白是自己冤枉了妻子，后悔不迭，最终以自杀来向妻子谢罪。这当然是艺术而不是现实生活，但谁也不能否认现实生活中确实存在着这样的悲剧。

即使是今天的社会，也还在不断发生着同样的悲剧。有许多夫妻不和，就是因为一方偏听偏信，不冷静思考，脑袋一热便感情用事，酿成悲剧，最终追悔莫及。

感情用事表现在许多方面。在工作上，特别是一些搞政治工作的人、搞人事工作的人，更容易犯这个毛病。他们遇事很容易凭主观、凭自己的直觉去判断和处理问题，而不是理智、冷静地去分析，然后找解决的办法。在学习上有时也容易犯感情用事这个毛病，特别是在考试过程中，有的学生由于紧张，头脑不冷静，往往考虑欠周全，感情一上来便像脱缰的野马，实际上这与正确答题早已相差甚远。

所以，我们说遇事，不管是大事还是小事，千万要冷静，切不可感情用事。感情用事的人大多是因为遇事欠冷静。实际上，遇事冷静地考虑一下，可能会找

这样做人更有魅力

到更好的解决办法，效果通常是好的。比如，当你的朋友因为某个问题与你争吵起来，你可能很有理由，但你的朋友却不讲理，且对你步步相逼，这时你很可能压抑不住自己，想动手。如果这时你强迫自己冷静一下，控制住自己的感情，或是暂时避开一会儿，（这绝不是示弱）等对方也平静下来，再与他讲道理，那么你既可以不失去这个朋友，而且还可以表现出你的大度。相反，假如你控制不住自己，对朋友大打出手，失去朋友不说，你还可能酿成恶果，得不偿失。

　　当然，我们说遇事要冷静，并不等于做事犹豫迟疑，毫不果断。遇事冷静只是做事前的充分准备，而且冷静需要的时间并不长，可能只是几分钟或几秒钟的时间，但这短短的几分钟或几秒钟可能会帮助你更好地解决问题。可以这样说，经常进行理智的思考，遇事冷静，不但不会延误时机，相反会培养你的果断力，在关键时刻、紧急关头能够当机立断，正确地处理问题。

　　人的感情是很复杂的，而且并非很容易就能掌握，这就更需要我们自己提高理智，用理智来控制感情，把握感情的流向。感情是流动的，但有时候让它安详宁静一会儿也是很有必要的。让感情平静下来，在宁静中回味一下、思索一下，只有这样你才不至于在人生的路上妄自宣泄。因为情感作为一种能量，它既有源且有限，如果你超越理智无限度宣泄，不懂得控制自己，那么你的感情早晚是会枯竭的，而变成一个感情缺乏的人，那时你后悔也晚了。

　　人的感情就像笼罩在人的外表的一团七色云雾，不懂得保护自己的感情，不

第七章 做人要学会控制情绪

珍惜它，遇事冲动，就会逐渐变得丑陋而且干枯，缺乏光彩。

感情用事者多是感情不成熟的人。也许有人会说，"感情也会成熟吗？"是的，人的感情也像果实一样，有一个成熟的过程。感情成熟的人相应就很理智，能够控制自己的感情，而绝不会感情用事。所以我们应该注意培养自己的感情，让它逐步成熟起来。

那么，什么样的人才算感情成熟的人呢？感情成熟的人，并不以幻想作自我陶醉，能面对现实，勇于接受挑战。他们对前途不过分乐观或悲观，保持审慎的态度，不凭直觉，悉依实际，因而有良好的判断。没有孩提时代的依赖，能自觉自爱，自立自强，每遇困难，自谋解决，不求他人的同情与怜悯。因为性情恬逸，所以得失两忘，享得繁华，耐得寂寞。能冷静地支配、运用感情，也能有效地控制其升华。这些虽然不能全面地概括感情成熟的人，但用于一般衡量自己的标准，还是适用的。

人生有许多阻碍我们的事物，人生也是很坎坷的，如果我们的感情还很幼稚，那么为人处世，成就事业，就很难获得成功。当然，感情的成熟需要一个过程，它是人的感情经历、生活经验、人生观、价值观、幸福观的具体体现。同时它又与个人气质、心理、修养有关。因此，从现实的角度讲，不管是年轻人还是老年人，不管是从事什么职业的人，都应该努力培养自己的感情，因为那样会使家庭更幸福，事业更辉煌。切忌做感情的奴隶，努力做一个感情成熟的人！

知识链接

感情成熟的人，没有孩提时代的依赖，能自觉自爱，自立自强，每遇困难，自谋解决，不求他人的同情与怜悯。因为性情恬逸，所以得失两忘，享得繁华，耐得寂寞。

6. 控制好自己的情绪

人要学会调动自己积极的情绪，学会控制自己消极的情绪。只有能够调控自己情绪的人，才能走向成功。

在法庭上，律师拿出一封信问洛克菲勒："先生，你收到我寄给你的信了吗？你回信了吗？"

"收到了。"洛克菲勒回答他，"没有回信。"

律师又拿出二十几封信，一一询问洛克菲勒，而洛克菲勒都以相同的表情，一一给予相同的回答。

律师控制不住自己的情绪，暴跳如雷并不断咒骂。

最后，法官宣布洛克菲勒胜诉。因为律师情绪的失控让他自己乱了章法。

无论工作还是生活中，面对不同的环境，不同的对手，有时候采用何种手段已不太重要，而保持好自己的情绪却至关重要。

研究者曾进行了这样一个试验。一群儿童依次走进一个空荡荡的房间，在房间最显著的位置为每个孩子放了一颗软糖。

测试老师对每一个孩子说："谁能坚持到老师回来时还没把这颗软糖吃掉的话，谁就可以得到另外一颗软糖的奖励。但是，如果老师没回来你就把软糖吃掉的话，那么就只能得到这一颗。"

试验的结果发现，有些孩子缺乏控制能力，大人不在，又受不了软糖的诱惑，就把软糖吃掉了。另外一些孩子，则牢牢记住了老师的话，认为自己只要坚持一会儿，就可以得到两颗软糖，于是他们尽量克制自己。他们并非不爱吃软糖，却努力地转移了自己的注意力，他们有的唱歌，有的蹦蹦跳跳，有的干脆离开座位

第七章
做人要学会控制情绪

到旁边去玩，坚持不看那颗软糖，一直等到老师回来。就这样，他们得到了奖励——第二颗软糖。

研究者把孩子们分成两组：能够抵挡住诱惑、坚持下来得到两颗软糖的孩子，和不能坚持下来只得到一颗软糖的孩子，并对他们进行了长期的跟踪调查。

结果发现，长大后的孩子，那些只得到一颗软糖的孩子普遍没有得到两颗软糖的孩子获得的成就大。这就说明，凡是小时候缺乏控制力的，无论他的智商如何高，其成功的几率都很小；反之，那些小时候便能控制自己，尤其能够通过转移注意力来控制自己的孩子，往往能够更好地把握自己的人生。

由此看来，人的非智力心理素质的作用，在决定人生成败方面，常常超过智力因素。一个高情商的人，应该是一个能够成熟地调控自己情绪和情感的人，从而他也就具备了调控别人情绪的能力。

想要控制情绪，就需要先了解情绪。情绪其实具有两极性。如积极和消极的情绪，激动和平静的情绪。同时，由于情绪的强弱程度、情绪的表现形式多种多样，各种不同的情绪表现形式，都可用来作为度量情绪的尺度，如情绪的紧张程度、情绪的激动程度、情绪的快感程度等。

积极和消极的情绪就是情绪两极性的典型表现。积极、愉快的情绪使人充满信心，努力工作；消极的情绪如悲伤、郁闷等，则会降低人的行为效率。

情绪的两极性表现为肯定和否定的对立性质。比如：满意和不满意、愉快和悲伤、爱和憎等。而每两种相反的情绪中间，又存在着许多程度上的差别，具体表现为情绪的多样化形式。

这样做人更有魅力

两种情绪虽然处于明显的两极对立状态，但其仍可以在同一事件中同时或相继出现。例如，儿子在保卫祖国的战争中牺牲了，父母既体验着英雄为国捐躯的荣誉感，又深切感受着失去亲人的悲伤。

同样，对于人来说，同一种情绪也可能同时具有积极和消极的作用。恐惧会使人紧张，抑制人的行动，减弱人的正常思维能力，但同时也可能调动人的潜力，促使人向危险挑战。

紧张和轻松也是情绪两极性的一种表现。紧张总是在一定的环境和情景下发生的，如客观情况赋予人需要的急迫性、重要性等，人们在这种时候就极易产生紧张情绪。当然，紧张也决定于人的心理状态，如脑力活动的紧张性、注意力的集中程度、活动的准备状态等。

通常情况下，紧张能对人活动的积极状态产生显著的影响。它引起人的应激活动，产生对活动有利的一面。但过度的紧张则可能使人产生厌恶、抑制心理，并导致行为的瓦解和精神的疲惫，甚至崩溃。

情绪的两极性还可以表现为激动和平静。爆发式的激动情绪强烈而短暂，如狂喜、激愤、绝望等。而平静的情绪状态在人们的日常生活中占据着主导地位，人们就是在这种状态下，从事持续的智力活动的。

作为情绪两极性的一种表现方式，情绪的强弱变化也异常明显。它经常呈现出从弱到强或由强到弱的变化状态，如从微弱的不安到强烈的激动，从暗喜到狂喜，从微愠到暴怒，从担心到恐惧等。情绪变化的强度越大，自我受情绪影响的趋向就越明显。

知识链接

无论工作还是生活中，面对不同的环境、不同的对手，有时候采用何种手段已不太重要，而保持好自己的情绪却至关重要。

7. 保持清醒的头脑

感情应时时受到理智的支配，一个情绪性太强的人大多被人视为神经质，这种人易给别人造成一种不合群的感觉，人缘也便随之而去。只有言谈举止始终保持常态，在公开场合上随圆就方，才会在社会上取得别人的认同，赢得好人缘。

我们平时所遇到的事情或大或小，或间接或直接，其中涉及原则的事本没有多少，在一些无关痛痒的小事上犯不上与人斤斤计较，特别是感情用事。比如单位里某个同事就喝酒的好坏谈了一种观点，虽然他的观点过于偏颇，你也没有必要情绪激昂地去与之辩出个甜酸来，否则，因为一句话两句话伤了感情，实在没什么必要。

如果面对的是你的领导，一切工作你只能提供意见，不要自作主张，等到定下计划以后，你只要负责执行便可。至于执行的经过，必须要有详细记载，即使是极细微的地方，也不能稍有疏忽。这种一丝不苟的精神，详细记载的报告，正是领导所喜欢的。但是执行之中遇到的困难，你最好能够自行排解，不必请示，多去请示反易贻误，最好事后用口头报告当时是如何应对的，领导就会很高兴。然而要注意的是，即使事后报告，也要力求避免夸张的口气，虽然当时的确十分难办，也要以平静的口气轻描淡写，如此反而更可表现你应变的本领。

如果他是你的部属，他的长处在于

这样做人更有魅力

做精细的工作，活动非其所长，他的工作能力也许不差，但他的工作速度却未必很高。因此，工作数量不要派得太多，工作时间也不要限得太紧，数量太多则容易堆积，限期若逼得太紧会让人感到痛苦。他有功，应该予以适当的称许；他有过错，不要直斥其错，最好用旁敲侧击方法使他领悟。

如果，他是你的朋友，你要主动地多多帮他的忙，帮忙之后，还要面无骄矜，如此一来，他口中虽未必有所表示，心里一定十分感激。同时你要懂得利用他的长处。他精细，有事提出意见和他商量，往往可以补充你的不足，改正你的错误。同时这种人必能守口如瓶，属于机密的事情，绝不会向第三者泄漏，实在是可与其深交的人。你还可以利用他的精细，必要时把自己做完的工作请他复核一番，他的复核绝不会只是随便浏览、草草塞责，他自会平心静气，不惜工夫地替你精心校正，拾遗补缺就非得靠这类人才不可。

冷静的人，因为才能的调整不能够展开，魄力不够雄厚，一般而言做老板的较少，但必然是个好部属、好朋友。

第八章
做人要保持快乐心境

这样做人更有魅力

1. 心境旷达方可致远

宁静的心境，可以使人的思虑全面、深刻、敏锐、细腻，从而最大限度地开发个人心智的潜能。宁静致远，意思是心境宁静，思虑可致深远。人的思虑，只有在宁静的心境中才能得以展开、深入；人的思虑，只有在宁静的心境中才能够发挥最佳的功效。

北宋哲学家邵雍在《何处是仙乡》一诗中写下"静处乾坤大"的诗句，说的是只要心境宁静，就会感到世界旷达广大。心境宁静，思虑才能在高远的时空中翱翔，才能以深邃的眼界和宏大的气魄来看待世事人生。

科学家们常常凝神苦思，忘记了时间，忘记了吃饭，忘记了休息，甚至因精神高度专注闹出不少笑话，而正是这种高度专注的精神，才保证了科学家们拥有一片宁静的心境，才有了一个又一个新发现、新发明。

诗人、作家也多半在夜深人静之时进入最佳的创作境界。前苏联著名诗人马雅可夫斯基，一次为了描绘一个孤独的男子怎样保护和疼爱他的情侣，绞尽脑汁，搜肠刮肚也没找到恰当的词句。第三天半夜时分，他的脑子里忽然奔涌出如下的诗句：

　　我将保护和疼爱
　　你的身体

第八章
做人要保持快乐心境

就像一个在战争中

残废了的

对任何人都不需要了的兵士

爱护他惟一的一条腿!

这诗句,极好地表达了主人公对情侣的保护和疼爱之情。

在现代社会中,一方面,各种交往不断增多,人际关系越来越复杂;另一方面,科学飞速发展,技术、产品不断更新。一个人在工作中能否保持宁静的心境,往往直接影响到工作的效率。正因为如此,日本的一些公司专为所属职员开设了静坐沉思室。如美能达照相机公司,每间静坐沉思室中设一桌一椅,公司职员在上班时间可随意进入,独自静坐,避开人事、电话等的干扰,以使自己的想象力与创造力获得充分发挥。许多有助于公司管理与生产的方案措施,便是职员在静坐时思索成熟的。

宁静的心境,对解决社会生活中其他一些方面的问题,也起着重要作用。

例如:犯了过错,如能静夜扪心自问,闭门思过,则可在宁静的心境中认真反省、自责,从而更准确地认识自我,完善自我。

遇到突然事件,保持沉着、冷静,可使人临险不惊,处变不乱,保持清醒的理智,作出迅速、准确的反应。

在待人接物时,宁静的心境有助于保持谦虚和蔼的态度,亲切悦和耳的语气,礼貌得体的举止,从而给对方留下良好的印象,促进问题的顺利解决。

平日,人们遇到棘手的问题时,往往不是马上表态、下结论,而是说:"让我静下心来想一想。"看到别人遇到突发事情而慌乱无措时,人们往往会劝他:"先别着急,静下心来,总会找到解决的办法。"这些都说明只有在宁静的状态下,才更有利于解决问题和妥善处理事情。

有时候,人们处理某事失误后会说:"刚才我太不冷静了,结果把事情办糟了。"当有人碰到问题沉不住气时,人们会告诫说:"要冷静,光着急只会坏事。"

这说明，人们已经自觉或不自觉地意识到：心境不宁静，解决问题和处理事情可能会出偏差。

自古以来，人们在社会实践中应用宁静致远这一道理，曾成功地进行了很多重大的政治、军事、生产、科技、文化等活动。今天，我们更应该自觉、主动地将宁静致远的道理，应用、实践于自己的学习、工作和生活中，以取得更多、更好的成果。

2. 解开心灵的枷锁

心底无私，没有精神负担，胸怀开阔，心境恬静，情绪乐观，自然有益于身心健康。

过多地追求名利，等于给自己的心灵套上了沉重的枷锁。

说到健康问题，不妨从古代九五至尊的帝王谈起。像乾隆、康熙这样高寿的皇帝是很少见的，绝大多数的帝王都是未老先衰，短命夭亡。分析其原因，一部分是由于声色犬马，纵欲过度的结果；另一部分却不一样了，他们既注意饮食营养，也爱好体育运动，但仍然未老先衰。查根究底，这与他们贪得无厌、勾心斗角，精神负担沉重密切有关。

汉代医圣张仲景在《伤寒杂病论》里谆谆告诫人们：千方百计地为名为利，只醉心于追求虚荣和权势，必然使精神内耗，正气虚弱，一旦遭受外来邪气的侵袭，就会引致"非常之疾"。

晋代著名的养生家嵇康在《养生论》里说得更精辟，他指出："养生有五难：名利不去为一难；喜怒不除为二难；声色不去为三难；滋味不绝为四难；神虑精散为五难。"他谈到影响健康的多种因素，如饮食、色欲、情绪等，但最重要的一条就是"名利不去"，即不能抛开精神枷锁。

生活中的利己主义者，追名逐利，损人利己，斤斤计较，必然忧患无穷，也往往会未老先衰。前中华医学会会长傅连璋说得好："个人主义往往是忧伤烦恼的源泉。因为个人主义者欲壑难填，整天患得患失，忧心忡忡，妄想、愤怒和沮丧在他的脑子里'大闹天宫'，没个安宁。这样的人往往自食其果，'老得快'就是其中的一个恶果。"

这样的人生是极其可悲的。在达到一个目标时，他所感受到的不是收获的欢乐，而是在为下一个更高的追求而忧心忡忡。就像一个人千辛万苦挣到了十万元，满脑子想的都是如何挣得一百万元。当他真的拿到一百万元时，他会打心底里高兴吗？答案显然是不会的。这种人不会与人分享快乐，到头来只会使自己的精神枷锁越来越重，陷入极度痛苦的深渊。

与此相反，心底无私没有精神负担，胸怀开阔，心境恬静，情绪乐观，往往得享高寿。

古人早已经懂得这个道理：思想上安定清静，不贪欲妄想，体内的真气就和顺，精神也内守而不耗散，疾病就无从发生。《黄帝内经》对此进一步分析说："古代懂得养生的人，活到百岁而动作不衰，除了回避邪气、劳而不倦等因素之外，尤其重要的是他们思想上安闲，心境安定，没有恐惧，少有奢望，吃的很好，穿的也很随便，乐于习俗，没有地位高低的羡慕，为人朴实。因此不正当的嗜好难以转移他们的视听，淫乱邪说也诱惑不了他们的心意。"中国现代的寿星中热爱生活、不怕波折、胸怀开阔、不计名利的人，也屡见不鲜。

这样做人更有魅力

著名小麦专家金善宝教授，是位有理想有抱负的知识分子。1939年，他任中央大学农艺系主任，带着助手到四川农村去推广新的小麦品种，结果反被当地拘留。农业学家不许去农村，岂有此理！他愤懑，他郁闷，而又无可奈何。在那黑暗的岁月，精神上的长期压抑，加上胃病的折磨，使他未老先衰，四十出头已经拄起拐杖，还不到五十岁时头发就完全白了，成为中央大学的"四老"之一。

中华人民共和国成立以后，他的聪明才智在祖国的农业科学事业上得到了充分的发挥。他辛辛苦苦培育的优良小麦品种终于在长江流域大面积推广，他精心撰写的《实用小麦论》也出版了。他心花怒放，十分高兴。在医生的精心治疗下，他多年的胃病也痊愈了，他不仅扔掉了拐杖，而且比同龄人更为健康。大家都说：金老越活越年轻了。

1982年，他虽然已是八十六岁高龄，仍然为发展我国的农业操劳。当他得知人们对黑龙江三江平原的开发有争议时，便不顾夏季的炎热，亲自前去调查，往返几天，行程万里。记者去采访他时，他毫无龙钟之态，动作利索，思维敏捷，看上去完全不像八十多岁的老人，至少要年轻二十岁。

金老老而不衰，原因固然很多，如生活有规律，饮食有定量，经常散步，适当参加体力劳动等。但他对生活的热爱，对事业的专注，胸怀宽广，性格开朗，不计名利，无疑是最主要的原因。正如他的秘书所说：金老关心国家大事，专心致力于小麦的研究工作。无关紧要的事情，不管别人怎么说，他都不受干扰。这大概就是金老的养生之道吧。金老的老伴，说得尤为生动。她说："你们要他讲长寿之道，我看他就是因为不生气。他的脑子是'结冰'的，人家当着他的面骂他，他照吃照睡，满不在乎。他这个人从来不想当官发财，一辈子就是老老实实做学问。一个人不为名，不为利，心胸开阔，不为那些杂七杂八的是非小事缠身，既不气闷，也不伤神，不就长寿了吗？"

看到这里，你是不是有一种如释重负的感觉。给自己的心适当放个假吧。让疲惫的你充分享受一下成功的喜悦，你会惊喜地发现，你神奇般地恢复了全身的力量，你对前进的道路充满了信心。

只有自己才能束缚自己的心，也只有自己才能解开自己心灵上的枷锁。解铃还须系铃人，请快乐起来，还你的心一个自由吧！

3. 放下就是快乐

"放下就是快乐"是一个开心果，是一粒解烦丹，是一道欢喜禅。只要你心无挂碍，什么都看得开、放得下，何愁没有快乐的春莺在啼鸣，何愁没有快乐的泉溪在歌唱，何愁没有快乐的白云在飘荡，何愁没有快乐的鲜花在绽放！

有一个富翁背着许多金银财宝，到远处去寻找快乐。可是走过了千山万水，也未能寻找到快乐，于是他沮丧地坐在山道旁。一个农夫背着一大捆柴草从山上走下来，遇到这个富翁。富翁说："我是个令人羡慕的富翁。请问，我为何不快乐呢？"

农夫放下沉甸甸的柴草，舒心地揩着汗水说："快乐也很简单，放下就是快乐呀！"富翁顿时开悟：自己背负那么重的珠宝，老怕别人抢，总怕别人暗害，整日忧心忡忡，快乐从何而来？于是富翁将珠宝、钱财接济穷人，专做善事，慈悲为怀。这些滋润了他的心灵，他也尝到了快乐的味道。

时下，人们成天名缰利锁缠身，何有快乐？成天陷入你争我夺的境地，快乐从何而来？成天心事重重，阴霾不开，快乐又在哪里？成天小肚鸡肠，心胸如豆，快乐又何处去寻？

4. 保持乐观的心态

我们的命运完全取决于我们的心态！心理学研究证实：如果我们想的都是快乐的念头，我们就能快乐；如果我们想的都是悲伤的事情，我们就会悲伤；如果我们想到一些可怕的情况，我们就会害怕；如果我们沉浸在自怜里，大家都会有意躲开我们。如果我们想的尽是成功，那结果又会怎么样呢？答案是我们会成功。

在一项研究中，请中学生考虑下列假设性问题：

你设定的学期目标是80分，一周前第一次月考成绩（占总成绩30%）发下来了，你得了60分。你会怎么做？

每个人的做法因心态而异。最乐观的学生决定要更用功，并想到各种补救的方法。次乐观的学生也想到一些方法，但没有实践的毅力。悲观的学生则根本宣布放弃，一蹶不振。

专家的解释是：乐观的学生会制定较高的目标，并知道如何努力去达成。通过对学生的智能比较会发现，影响其学业成绩的主要因素是心态是否乐观。

高度乐观的人具有共同特质：能自我激励，能寻求各种方法实现目标，遭遇困境时能自我安慰，知道变通，能将艰巨的任务分解成容易解决的部分。

从情商的角度来看，乐观指面对挑战或挫折时不会满腹焦虑，不会绝望抑郁，不会意志消沉。

第八章
做人要保持快乐心境

麦特·毕昂迪是美国知名游泳选手，1988年代表美国参加奥运会，被认为极有希望继1972年马克·史必兹之后再夺七项金牌。但毕昂迪在第一项200米自由游比赛中落居第三，第二项100米蝶泳原本领先，到最后一米硬是被第二名超了过去。

许多人都以为，两度失金将影响毕昂迪后续的表现，没想到他在后五项比赛中竟连连夺冠。对此，宾州大学心理学教授马丁·沙里曼并不感到意外，因为他在同一年的早些时候，曾为毕昂迪做过乐观影响的实验。

实验方式是在一次游泳表演后，毕昂迪表现得很不错，但教练故意告诉他得分很差，让毕昂迪稍作休息再试一次，结果更加出色。参与同一实验的其他队友却因此影响了成绩。

乐观者面临挫折仍坚信情势必会好转。从情商的角度来看，乐观能使陷入困境中的人不会感到落寞、无力和沮丧。乐观和自信一样，使人生的旅途更顺畅。

乐观的人认为失败是可改变的，结果反而能转败为胜。悲观的人则把失败归之于个性上无力改变的恒久特质，个人对此无能为力。不同的解释对人生的抉择造成了深远的影响。

研究表明，在焦虑、生气、抑郁、沮丧的情况下，任何人都无法有效地接收信息，或妥善地处理信息。情绪沮丧的悲观者会严重影响智力的发挥，因为沮丧悲观的情绪压制大脑的思维能力，从而使人的思维瘫痪。

心理学家曾做过"半杯水实验"，较准确地预测出乐观者和悲观者的情绪特点。悲观者面对半杯水说："我就剩下半杯水了。"乐观者则说："我还有半杯水呢！"因此，对高情商的乐观者来说，外在世界总是充满着光明和希望。

乐观使人经常处于轻松、自信的心境，情绪稳定，精神饱满，对外界没有过分的苛求，对自己有恰当客观的评价。

乐观的人在受到挫折、失败时，常会看到光明的一面，也能发现新的意义和价值，而不是轻易地自责或怨天尤人。而悲观者一般是敏感、脆弱、内心情感体验细致丰富，一遇挫折就会比一般人感受得深，体验得多。

乐观的人在求职失败后，多半会积极地拟订下一步计划或寻求协助，他们认为挫折是可以补救的。反之，悲观的人认为已无力回天，也就不思解决之道，将挫折归咎于本身恒久的缺陷。

1984年，沙里曼曾以宾州大学500名新生为对象做乐观测试，他发现，测试成绩比入学考试更能准确预测第一年成绩。

沙里曼指出，入学考试测量的是能力，从每个人解释成败的角度，则可看出他是否容易放弃。

一定程度的能力加上不畏挫折的心态才能成功，动机是入学考试测不出的，而要预测一个人的成就，很重要的一点，是看他能否愈挫愈勇。对智力相当的人而言，实际成就不仅与才能有关，同时也与承受失败的能力有关。

乐观心态对销售成绩的影响说明了情商的本质。对业务员而言，每一次被拒绝都是一次小挫折，成绩的好坏，取决于个人是否有足够的动力继续尝试。

一次一次地被拒必然会打击士气，生性悲观的人尤其难以承受，必然会导致消极灰心，甚至沮丧。反之，乐观的人能客观地找到失败的因素，因而能尝试新的方法。悲观的心态泯灭希望，乐观者则能激发希望。

要想摆脱忧愁，使自己乐观起来，我们要尽可能和快乐的人在一起。你是否有过这样的经历？在一个地方，或是和一些人相处，你会感到焦虑不安、脖子酸痛、疲惫不堪。你不知道到底是哪里不对劲，但就是觉得不舒服。但是和另一些人相处时，你就会觉得精神百倍，身体上的不适感也会慢慢消失。在这些人的陪伴下，你觉得事事如意，这些人所散发的正面能量，让你感到更快乐、更安详、更有信心。

这些现象不是偶然的,而是能量交流的结果。一个精神能量低的人如果和一个精神能量高的人在一起,前者将受惠无穷,后者则会损失一些能量。精神能量通常会在两人之间流动,直到获得平衡为止。

请你想象甲乙两个玻璃瓶,两者底部有管子相连,管内有个活塞可以控制两个玻璃瓶的液体流量。请先把活塞关上,将甲瓶装满蓝色液体,乙瓶则什么也不装。当你把活塞打开时,这两个玻璃瓶会产生什么样的变化呢?它们都会盛装蓝色液体。

同样的道理,如果你心中充满正面能量,当你碰到一个能量低的人时,能量就会从你的身上流向他。不过,这个例子描述的是"量"的流向,而非"质"的交流。为了充分了解"质",请再回到玻璃瓶的例子。

先关上活塞,把甲瓶装满凉的蓝色液体,然后把乙瓶装满热的红色液体。当打开活塞时,这两个瓶子会产生怎样的变化呢?首先,冷热液体相互交流,温度达到平衡。其次,两个瓶内的液体都会变成紫罗兰色。

如果快乐的你碰到一个不快乐的人,过不了多久,那个人的心情会好转,你的心情则会变糟。你或许不会马上受到影响,但是几小时或是几天之后,你的心情就会逐渐变糟。

所以,你要想提高自己的情商,请接受这个建议:不要让不快乐的人感染你快乐的心情。

知识链接

乐观的人认为失败是可改变的,结果反而能转败为胜。悲观的人则把失败归之于个性上无力改变的恒久特质,个人对此无能为力。

这样做人更有**魅力**

5. 知足和感恩是快乐之源泉

有钱不一定快乐,拥有知足和感恩之心才是快乐的秘诀。

我们要学会感恩和知足,只有这样,我们的生活才会真正快乐起来。

以写《达到经济自由的九个步骤》一书而著名的奥曼,自己买得起劳力士手表和名牌服饰,开得起豪华跑车,也能够到私人小岛度假,却坦白承认她没有满足感,甚至有好友在旁,她仍然感到寂寞。

奥曼说:"我已经比我梦想的还要富裕,可是我还是感到悲伤、空虚和茫然。钱财居然不等于快乐!我真的不知道什么东西才能带来快乐。"

像奥曼那样,为钱奋斗了大半辈子才悟出"有钱不一定快乐"道理的人不在少数。她如果肯在圣诞假期当中静下心来读读普拉格的《快乐是严肃的题目》这本书,她会感悟出感恩之心是快乐的秘诀。

普拉格的书中引述了一个观点:人之所以不快乐,就是因为人本身出了问题,把有问题的部分修理好就行了。根据他的看法,不知感恩是造成不快乐的一大原因。特别是在布施礼物的"快乐假期"里,他提醒做父母的应该好好教导孩子知道感恩与满足。

知足也是快乐的重要条件。心理学家多易居说,佛家早就看出,人类不快乐的最大原因是欲望得不到满足与期望不能实现。而美国文化培养出来的普拉格则详细区分了"欲望"与"期望"。

他他说:"虽然欲望也许有碍快乐,却是'美好人生'

第八章
做人要保持快乐心境

不可缺少和无法消除的成分；期望则是另一回事，例如，我们期望健康，但得付出代价。"

普拉格举例说，某一天你发现身上长了个瘤，你心怀忐忑地找医师检查。一个礼拜后，当听到良性瘤的诊断结果时，你会感到这一天是你一生中最快乐的一天。

事实上，这一天和你怀疑身上有瘤的那一天一样，生理上的健康情形并没有改变，如今你却快乐得不得了。为什么？因为今天你并没有期望自己会很健康。

因此普拉格说，我们能够也应该"欲望"健康，但不应该"期望"健康。就好像我们不应期望人生当中许多事：求职口试顺利，投资策略成功，甚至所爱的人长命百岁。他说，如果我们分不清"欲望"和"期望"，我们便会感到"失望"。期望得不到实现，不但会给我们带来痛苦，也会破坏我们的感恩心，而感恩心是快乐的必要条件。

所有快乐的人都心怀感恩，不知感恩的人不会快乐，而一个人期望越多，感恩心就越少。在期望获得满足的一刹那，我们必须想到那绝不是必然的事。既然如此，感恩之心会增加我们的愉悦，也会使我们将来不致于不快乐。

犹太教和佛教都教人随时心怀感恩。犹太教徒凡事都要感谢上帝：为了盘中的食物，清晨醒来、休假，甚至见到美丽的彩虹，都有感激上帝的颂词。

各行各业的人努力工作，我们才有一切衣食器具与避风寒的屋子，天下各种动物、植物、矿物的生存，提供了我们维持生命和赏心悦目的资源。

6. 让快乐成为一种习惯

在两千多年前，所罗门就曾说过："快乐的心犹如一剂良药，破碎的心却吸干骨髓。"西方也流传着"一个小丑进城，胜过一打医生"的谚语。因此，人们常把"祝你快乐"作为一种美好的祝愿送给亲朋好友。拥有快乐生活也是每个人内心最真诚的期盼，人们想方设法、费尽心思去追求快乐、营造快乐。可是，许多人却找不到快乐的踪影。快乐在哪里呢？

在悲观者的眼里，快乐是有条件、有砝码的，这个条件和砝码就是金钱、权力、地位及其他的外在因素。悲观者常想当然地认为，只要自己能拥有这些东西，快乐就会不请自来。诚然，快乐不可没有物质基础。然而，人心不足蛇吞象，往往一个愿望刚刚得以实现，还没来得及乐呵乐呵，另一个欲望又会浮现出来，层层进进无止境。他们也就陷入一个又一个烦恼，始终没有快乐的理由。

事实上，快乐不受金钱权势的左右，也不被他人控制，而不快乐往往是人自寻烦恼。快乐不快乐仅仅是一种生活态度、生活习惯。乐观的人不论在什么地方，身处何种困境，他都会生活得很快乐。因为快乐的人有个习惯，那就是用乐观的眼光去看待发生的一切。

文学大师钱钟书《论快乐》一文中说过这样一段话："洗一个澡，看一朵花，吃一顿饭，假使你觉得快乐，并非因为澡洗得干净，花开得好看，菜合你的口味，而是因为你的心里没有障碍，轻松的灵魂可以专注肉体的感觉来欣赏，来审定。要是你精神不痛快，像将离别时的筵席，随它怎样烹调地好，吃起来只是泥土的滋味。快乐纯粹是内在的，它不是由于客体，而是由于人们的思想观念和态度而产生的。"

面对同样的情境，乐观者会看到生活中积极的一面，因而感到愉快开心；悲观者则只会看到生活中消极的一面，因而感到伤心难过。所以，要想得到快乐，我们必须要培养一种乐观的生活习惯，要做生活的主人，不要做它的奴隶，不要让外在环境和他人来决定和控制自己的喜怒哀乐。

据心理学家研究发现，人类的表现、感觉和反应有95%是习惯性的。同样，我们的态度、情感和反应也是在潜移默化中学来的。人们对一些小事的烦恼和不

第八章
做人要保持快乐心境

满的态度，往往都是出于一种习惯性的心理反应。这种习惯性不愉快在很大程度上是由于人们对客观事实的消极认识形成的。例如：无意中一次工作上的失误，同事漫不经心的一句话，甚至上班路上一场突如其来的大雨，都会让悲观  者感到郁闷、痛苦、不满，因为他们常会消极地看待所发生的客观事实。悲观者会认为工作上的失误是自己能力上的缺陷，同事的闲话是因为他们故意和自己过不去，突如其来的大雨是上天和自己作对。相反，在乐观者看来，工作上的失误只不过是由于自己的粗心或其他客观原因造成的，并不能说明自己能力的低下，不应该抱怨自己；同事的闲言碎语可能是说者无心，没必要过多计较；突如其来的一场大雨正好可以清洁空气，缓解一下自己紧张的心理。因此，乐观者的心情不会受到任何影响。

由此可见，一个人心情的好坏是可以通过练习来调整培养的。萧伯纳说过："如果我们觉得不幸，可能会永远不幸。但是我们可以凭借动脑筋和下决心来利用大部分的时间想一些愉快的事，应付日常生活中使我们不痛快的琐碎小事和环境，从而使我们得到快乐。"所以，要想让快乐与自己相伴，首先要学会调整自己头脑中一些消极思维方式，用积极乐观的态度看待身边发生的一切，对生活环境中的一切多欣赏，少抱怨，用宽容平和的心态对待生活。这样，烦恼、忧伤和不满就会烟消云散。当然，这种思维模式的转变是有一定的难度的，它必须以坚强的意志作后盾。

其次，生命中有快乐也有悲伤，这就是完整的人生，如果我们仅仅把忧伤保持在记忆里，人就会活得很累很苦。所以，我们不妨学学艾勒默·盖茨教授的做法，学习"唤醒愉悦观念和记忆"，每天像练习哑铃一样有规律地回忆生活中那些偶然的快乐和美好的时光。当遇到挫折和不如意时，我们可以唤醒内心一些美

这样做人更有魅力

好的东西，以此来化解自己的愤怒、伤心和不快。把这当成一种心理运动长期坚持下去，人的内心必然会产生惊人的变化。

美国著名的心理学家威廉·詹姆斯认为，人的心情的好坏，有时可凭借外部的行动来得以改变。如果你感到不快乐，惟一能找到快乐的方法就是振奋精神，使行动和言辞好像已经感觉到快乐的样子。心理学家詹姆斯·兰格也说过这样一句话："因为哭，因为掉眼泪，所以伤心；因为笑，因为嘴巴翘，所以开心。"

经过观察，你就会发现，快乐的人常常笑容满面，精神焕发，富有活力。悲观的人常常愁容满面，抑郁沮丧。所以，培养快乐的习惯还有一个最简单的办法，那就是每天多练习微笑几次，尽量使自己看起来精神些，多说些使自己感到开心的话，多做些使自己感到开心的事，以此来驱散烦恼和不快。

此外，人们之所以不快乐，还有一个很重要的原因，那就是大多数人对真实的自我看不清楚，常常过高地估计和评定自我，认为自己"应当是"或"必须是"什么样的人，一旦自己设定的理想无法实现，人们的内心就会被挫败，从而陷入痛苦之中。所以，如若期望快乐生活，人们还应该学会正确看待自我，适当调整对自己的要求，以此缓解内心的矛盾和冲突。

不快乐的态度不仅会伤害自己，也会伤害别人，而且长期不快乐的人更加让人瞧不起，不愿与之接近；不快乐的态度还会使不利的处境更加不利。所以，无论从哪个方面看，我们都应让快乐与自己长伴。

知识链接

面对同样的情境，乐观者会看到生活中积极的一面，因而感到愉快开心；悲观者则只会看到生活中消极的一面，因而感到伤心难过。所以，要想得到快乐，我们必须要培养一种乐观的生活习惯，要做生活的主人，不要做它的奴隶，不要让外在环境和他人来决定和控制自己的喜怒哀乐。

7. 凡事多往好处想一想

凡事都有"好"与"坏"之分，尤其是当它反射到我们心灵镜面上的时候，懂得如何快乐生活的人，遇事总是多往好的方面想。

康倪氏是一个很不幸的女人，由于命运的安排，她几乎遭遇了一个女人可能遭遇的一切不幸。18岁那年，她嫁给了邻村跑生意的阿旺，可婚后不久，在一次长途货运时，阿旺便如同泥牛入海，再也没了音讯。村邻们纷纷猜测，有人说他死在了土匪的枪下，有人说他被抓去前线打仗了，还有人说他可能是病死他乡了，或是让有钱人家招赘为养老女婿了……而在当时，康倪氏已经怀了身孕。

丈夫不见踪影几年以后，村里人都劝康倪氏改嫁，没有了男人，孩子又小，这寡守到什么时候是个头？她没有走。她说，丈夫生死不明，也许在很远的地方做了大生意，没准哪一天发了大财就回来了。她被这个念头支撑着，带着儿子顽强地生活着。她甚至把家里整理得更加井井有条。她想，假如丈夫发了大财回来，不能让他觉得家里这么窝囊寒碜。

这样过去了十几年，在她的儿子17岁的那一年，一支部队从村里经过，她的儿子跟部队走了。儿子说，他到外面去寻找父亲。

不料儿子走后又是音信全无。有人告诉康倪氏说她的儿子在一次战役中战死了，她不信，一个大活人怎么能说死就死呢？她甚至想，儿子不但没有死，而且做了军官，等打完仗，天下太平了，就会衣锦还乡。她还想，也许儿子已经娶了媳妇，给她生了孙子，回来的时候是一家子人了。尽管儿子依然毫无音信，但这个想象给了她无穷的希望。

这样做人更有魅力

她是一个小脚女人，不能下田种地，她就做绣花线的小生意，勤奋地奔走四乡，积累钱财。她告诉人们，她要挣些钱把房子翻盖了，等丈夫和儿子回来的时候住。

有一年她得了大病，医生已经判了她死刑，但她最后竟奇迹般地活了过来。她说，她还不能就这样死了，儿子回来到哪里找家呢？康倪氏一直健康地生活着，直到满百岁那年，她还在家里做着绣花线的生意。她天天算着，她的儿子生了孙子，她的孙子也该生孩子了。而想着这一切的时候，她那布满皱褶的核桃壳一样的脸上，总会变成绚烂多彩的花朵。

康倪氏一生的不幸，我们无法用语言评述。然而一直处于不幸遭遇中的她，却用别人无法想象的"快乐思维"，使自己不但顽强地生存了下来，而且到了百岁的时候还是那样健康。可以说，这全都是心灵作用的结果。

一位职业妇女，因为自己的鼻子有些缺陷，所以她对于喜欢的异性，一直无法表达出真正的感觉。

有一天她下定决心，决定去做整容手术。从此她一扫过去灰暗的形象，变得开朗，并且还经常受到男士们的瞩目，终于她找到了理想的对象并且结了婚。

婚后她告诉先生她曾去动过整容手术，可是令人感到惊讶的是，她的先生根本就没有把她的鼻子当过一回事。于是她就追问，为什么在她动过手术之后他才来和她交往呢？而她所得到的答案是，因为她变开朗了，所以就让人感到容易亲近。

在这个例子当中，女主角一直认为自己交不到男朋友是因为鼻子的关系，然而事实上别人根本就没有注意到她鼻子的缺陷。

如果你对自己有所谓的心理障碍，其实就像这位女主角一样，一切都想得太多了。因为你自以为是问题的地方，对别人而言可能根本就不是问题。

　　所以，为一些无谓的心理障碍伤脑筋是很划不来的。你应该积极地表现自己健康开朗的一面，这才是对的。

　　也许你会觉得要改变自己的性格并不是那么简单。这时候不妨从模仿你所羡慕的人开始，例如前面所讲的那个康倪氏，也就是以套公式的方法来改变自己的性格。

　　当然套公式只不过是一个开始而已，最终目的还是要你打破那个框框，走出属于自己的风格来。如果你能够做到这一点，那就太好了。那些在工作上表现得相当杰出的上班族，其实有一大半都是这种类型的人。他们很容易就会找出一种方式或一种理由，来化解心中的迷雾和不快乐情绪。就像除夕之夜时，家里的小孩因一时疏忽而打碎了一只盘子或碗，这原本不是什么大事。可作为母亲在处理这类事情时却大不相同，有些母亲会认为这样很不吉利，于是大发其火，打了孩子，结果一家人也过了一个赌气年；而聪明的母亲却会立马笑着说："哇，好呀，这叫碎（岁）碎（岁）平安，说明今年很吉利哩！"结果大家当然都变得更加开心了。

8. 换个活法品味快乐

　　生命永远不可能再回到起始地点、起始时间，变化是宇宙间最恒久的规律。不管我们喜欢不喜欢，随着时光流逝，没有一样东西会停留不前，我们必须接受一切变化。

　　琳达的丈夫要调到距她的亲友千里之遥的一个城市去，这即将到来的变化令

这样做人更有魅力

她非常沮丧，她认为自己将无法适应新环境，因此强烈地反对丈夫接受新职务，甚至暗自希望丈夫不要带她一起去。后来，有一位朋友劝她说，太阳虽在这个区域落下，却会在另一个区域升起。于是，她决定尽可能地去接受这个改变。

为了交新朋友，琳达参加了绘画班。在绘画班里，琳达显露出她从没想到的自己所具有的才华。不久之后，绘画班的老师筹备了一次画展，琳达的作品竟然大受欢迎。从此，许多人向她求画，委托她画海景，她很快就成为了水彩画家。"我当时多么幼稚可笑。"她写信给自己的母亲说，"这次改变给了我一个机会，让我发挥出自己可能永远不会发现的才能。"

假如我们学会欣然接受变化，从中求福，对眼前的种种难题和烦恼就能处之泰然，因为我们知道"这一切都会过去"。

记住，在你的人生中，一扇门如果被关上，必定会有另一扇窗打开。

伊莉莎白·康妮学到了我们所有人迟早都要学到的事情，这就是我们必须深知覆水难收的道理。环境本身并不能使我们快乐或不快乐，我们对周围环境的反应才能决定我们的感觉。

那一天，伊莉莎白·康妮接到国防部的电报，说她的侄儿——她最爱的一个人，在战场上失踪了。

康妮一下子心烦意乱，寝食难安。过了不久，她又接到了阵亡通知书。此时，她的心情无比悲伤。

在那件事发生以前，康妮一直觉得命运对自己很好。她说："我有一份喜欢的工作，并顺利地养大了相依为命的侄儿。在我看来，我侄儿代表着年轻人美好的一切。我觉得我以前的努力，现在都应该有很好的收获。"

然而，现在却来了这样一份电报，她的整个世界都被粉碎了，她觉得再也没有什么值得自己活下去的意义了，她找不到继续生存下去的理由。她开始忽视自己的工作，忽视朋友，她抛开了生活的一切，对这个世界既冷淡又怨恨。"为什么我最爱的侄儿会死？为什么这么好的孩子，还没有开始他的生活就离开了这个

第八章
做人要保持快乐心境

世界？为什么让他死在战场上！"她觉得自己没有办法接受这个事实。

她悲伤过度，决定放弃工作，离开家乡，把自己藏在眼泪和忧伤之中。就在她清理桌子准备辞职的时候，突然看到了一封她已经遗忘了的信，这是一封她的侄儿生前寄来的信。当时，他的母亲刚刚去世。侄儿在信上说："当然，我们都会想念她的，尤其是你。不过，我知道你会平静度过的，你总是积极地面对人生，我相信你一定能够坚强起来。我永远不会忘记那些你教给我的美丽真理。不论我在哪里生活，不论我们分离得多么遥远，我永远都会记得你的教导，你教我要微笑面对生活，要像一个男子汉，要承受发生的一切事情。"

康妮把那封信读了一遍又一遍，觉得侄儿似乎就在自己的身边，正在向自己说话。他好像在对她说："你为什么不照你教给我的办法去做呢？坚持下去，不论发生什么事情，把你的悲伤藏在微笑的下面，继续生活下去。"

侄儿的信给了康妮莫大的鼓舞，让她觉得人生又充满着期望。康妮又继续工作了，她不再对人冷淡无礼。她一再对自己说："事情到了这个地步，我没有能力改变它。不过，我能够像他所希望的那样继续活下去。"

康妮把所有的思想和精力都用在工作上，她写信给前方的士兵——给别人的儿子们。晚上，她参加成人教育班。康妮要找到新的兴趣，结交新的朋友。她几乎不敢相信发生在自己身上的种种变化。她说："我不再为已经过去的那些事悲伤，现在我每天的生活都充满了快乐，就像我的侄儿要我做到的那样。"

"昨天已成灰烬，明天还是新柴。只有今天才是熊熊燃烧的烈火。"这是一句因纽特人的谚语。

每天都有快乐从人们身边走过，但问题是如何才能抓住快乐，每一天过得都非常有意义？早上，当你醒来时，不要立即穿衣洗漱。躺在被窝里，花一点时间，

159

这样做人更有魅力

慢慢去体会一下自己的感受。伸展开你的胳膊，然后慢慢蜷起来，把脚放在床上。提醒自己今天到来了，回想一下快乐的事，让自己真正"清醒"。把自己想象成一个具有明亮眼睛，浓黑头发，整装待发的人，让自己精神焕发！

深呼吸三次，新鲜的空气可以激励人的心绪。抖落昨日的一切不顺心，大声喊："我已经把昨天的一切不愉快忘掉了。"然后把脚挪到床边站起来。想象美好的一天开始了！举起胳膊，深呼吸，想象太阳的光芒照耀在你的脸上，给你带来了新的希望和快乐。放下胳膊，紧握双手，做一个小小的总结，比如"我是一个充满活力的人。"

9. 学习忘怀之道

在南太平洋上一次激烈的战斗中，一位战士的喉咙被弹片击伤，生命危在旦夕。为了抢救他，主治医师给他输了七次血。在抢救过程中，他曾写了一张纸条问医生，"我还能活下去吗？"医生回答："没问题。"他又写道："我还能讲话吗？"回答是肯定的。最后，他又写了一张纸条："那我还担心什么呢！"

只要能活下来，能开口讲话，就没有什么可担心的了。这是多么豁达、乐观的人生态度。

生活中不顺心事十有八九，如果我们对每件事都担心不已，便不会有开心、快乐的时候。所以，要想开心快乐地过日子，对一些不愉快的事不要放在心上，就让它随风而逝吧！

为了培养积极的生活态度，一定要学习忘怀之道。忘怀之道，可以使我们真正放下心中的烦恼和不平衡的情绪，让我们在失意之余，有机会喘一口气，恢复

第八章
做人要保持快乐心境

体力。脑子的作用，不只是帮助我们记忆，更是帮助我们忘怀。要排解多愁善感的情绪，把恼人的往事放在一边，不要让自己被种种纷扰所困，而要让愉快的心情时时陪伴自己。只有这样，我们才有良好的精神和体力去生活、去工作。

乐于忘怀是一种心理平衡。有一句话说："生气是拿别人的错误惩罚自己。"老是念念不忘别人的坏处，实际上深受其害的是自己的心灵，搞得自己狼狈不堪，不值得。乐于忘怀是成功人士的一大特征，既往不咎的人，才能甩掉沉重的包袱，大踏步地前进。

从心理学角度看，无论你惦记的是快乐的往事还是悲愁憎恨，长期生活在过去的记忆里，就会与现实生活脱节，会严重威胁心理健康和心智的发展。

忘怀，是忙碌时的树荫。它让我们在燥热疲倦时有机会休息，使体力恢复过来。然而，怎样才能做到忘怀呢？只有一个方法——放下。

哲学家康德是一位懂得忘怀之道的人，当有一天他发现自己最信任的仆人兰佩，一直在有计划地偷盗他的财物时，便把兰佩辞退了。但康德又十分怀念他，于是，他在日记上写下悲伤的一行文字："记住要忘掉兰佩。"

真正说来，一个人并不能那么容易忘掉伤心的往事。不过，当它浮现出来时，我们必须懂得如何使自己不陷于悲痛不已的情绪，必须提防自己再度陷入愤恨、恐惧和无助的哀愁里。这时，最好的方法就是扭头去专心工作，计划未来，或者去运动，去旅行。

学习忘怀之道，把许多愤恨的往事放下，日子久了，激动情绪就会越来越少，心灵和精神的活力就会得以再生，就会恢复原有的喜悦和自在。

这样做人更有魅力

有时候，我们的悲伤和内疚是因为自己做错事引起的，这时可以用补偿的方法来帮助忘怀。例如用诚恳的道歉，或者用其他方法补救，使自己身心保持平和。

其实，生活中的担心、忧虑往往是多余的，许多事情都进行得很顺利，只有极小部分会出现点麻烦，如果我们想要快乐，只需集中注意力在那绝大部分的好事上，不去太在意那微不足道的极小的部分就可以了。如果我们非要烦恼、抱怨，以致损伤身体，那当然也很容易，只要集中注意力在那一小部分不满意之处就可以办到。

一个人如果学会了忘怀之道，不愉快的心情自然会消失，取而代之的将会是阳光灿烂、勃勃生机。有首禅诗是这样写的："春有百花秋有月，夏有凉风冬有雪。若无闲事挂心头，便是人间好时节。"

第九章
做人要懂得低调

1. 出头的椽子先烂

更多地暴露自己，就会更多地经受世间的风吹雨打，相对于隐蔽处的椽子自然要首先腐烂。

一个人在社会上，如果不合时宜地过分张扬、卖弄，那么不管多么优秀，都难免会遭到明枪暗箭的打击和攻讦。

吴王箭射灵猴的故事留给人们的启迪正在于此。

吴王乘船在长江中游玩，登上猕猴山。原来聚在一起戏耍的猕猴，看到吴王前呼后拥地来了，立即一哄而散，躲到深林与荆棘丛中去了。

但有一只猕猴，想在吴王面前卖弄灵巧，它在地上得意地旋转，旋转够了，又纵身到树上，攀援腾荡。吴王看这猕猴如此逞能，很是不舒服，就弯弓搭箭射它，那猕猴从容地把箭接住。吴王脸都气红了，命令左右一齐动手，箭如风卷，猕猴无可脱逃，立即被射死了。

吴王回头对他的友人说："这灵猴夸耀自己的聪明，倚仗自己的敏捷傲视本王，以至丢了性命。要以此为戒呀！可不要用你们的姿态声色骄人傲世啊！"

吴王的朋友深为震动，回去立即拜贤人为师，努力克服意气神态上的缺点，生活俭朴，最后赢得了很多人的称赞。

2. 莫与强者争锋

在强者面前示弱、在弱者面前示好是低调做人和寻求自我保全的大学问。但古今中外都有很多人不得此中精义，喜欢与强者争风吃醋，到头来只能是自讨苦吃。

战国末期的著名政治家李斯是为秦王谋划国事的重臣，

他建议对现存的其他六国进行各个击破的方针深得秦王赞同。他分析了各国形势，认为韩国最弱，且为秦之近邻，应以此为突破口，"先取韩以恐他国"。秦王赞同李斯的主张，并让他具体谋划灭韩之策。

正当李斯踌躇满志的时候，半路却杀出个程咬金。

这个人就是韩非。韩非为韩国贵族，早年曾与李斯一同求学于荀卿，攻读刑名法学之术。但两人选择的道路却截然不同：李斯择地而处；韩非却眷恋故国，情系家园，学成归国，渴望力挽狂澜，扶社稷于即倾，振兴韩国。韩非一向学习勤奋，研究法家之学深得要领，能对法家的法、术、势三派之长兼收并蓄，融为一体，取长而用。并以此理论为基础，制定了一系列法家政策。如：加强君主集权，剪除私门势力，选拔"法术之士"，以法为教，以吏为师，禁止私学；厉行赏罚，奖励耕织，谋求国家富强，等等。他屡屡进谏韩王，但昏聩无能的韩王却

这样做人更有魅力

根本听不进去,一心只在享乐上。

韩非平素不受韩王重用,当得知秦想亡韩的消息后,韩王才想到韩非,急忙派他出使秦国,说服秦王,以图存韩。韩非原为韩王的使者,但以后的事实却使情况发生了陡转急下的变化。原来公元前234年,韩非到了秦地,眼见国富民安,一派万象更新、蒸蒸日上的景象,知道这是个英明国君统治下的国度,在此英雄可以一展宏图,韩非为之振奋。而秦王读过韩非的《内储》《外储》《五蠹》等文章,很是敬重和爱惜韩非,就把他留在秦国,想日后重用他。

"人择明主而仕",也是人之常情。但另一方面,一山不容二虎,李斯与韩非,就此结下了矛盾。韩非并非等闲之辈,一旦得到秦王重用,李斯地位则岌岌可危。

韩非当年求学时,才学在李斯之上,因为口吃,不擅言辞,更使他致力于著说撰文,日久,则文笔日益锋利洗练,非李斯可比。此时,又不能审时度势,臣服于李斯,这就使得李斯怕他受秦王重用而夺走自己受宠的地位,也怕他破坏自

己"先取韩以恐他国"的战略计划，于是下决心除掉韩非。

李斯为除掉韩非，不择手段，心狠手毒。李斯以先伐赵而缓伐韩等为借口，在秦王面前反复诽谤诬陷韩非。日久，使秦王渐渐对韩非心生疑窦。李斯见火候已到，不失时机地谏秦王道："韩非身系韩国公子，终究是心向韩国，必不肯为秦国效力，这是人之常情。日后若放他归国，定然贻害不浅；不如寻他个过错，依法诛杀了事。"秦王既已对韩非产生疑心，便同意了李斯不放虎归山之议，将韩非拘捕入狱。李斯怕秦王日久会明了真相，重新起用韩非，就急忙派人送毒药给韩非，催促他马上自杀。韩非一入狱，就多方设法上书秦王，申辩其冤情。但李斯对此早有所料，预先已将牢狱各关节都堵住，使韩非哭诉无门，只得被迫饮鸩自杀，时为公元前233年。

同行是冤家，竞争对手的强弱，将直接关系到自己的命运。可惜当时韩非并不知晓这其中的奥妙。李斯在秦国位高权重，又深得秦王信赖。韩非未识时务，只知进，不知退，面对强手竟不识眉眼高低，硬着头皮与之争锋，显然缺乏低调做人的功夫。

3. 藏巧于拙方可致远

古人云："鹰立如睡，虎行似病，正是它攫鸟噬人的法术。故君子要聪明不露，才华不逞，才有任重道远的力量。"这大概可以形象地诠释"藏巧于拙，用晦而明"这句话的具体含义。一般说来，人性都是喜直厚而恶机巧的，而胸有大志的人，要达到自己的目的，没有机巧权变，又绝对不行，尤其是当他所处的环境并不尽如人意时，那就更要既弄机巧权变，又不能为人所厌戒，所以就有了鹰

这样做人更有魅力

立虎行如睡似病藏巧用晦的各种处世应变的方法。曹丕以哭胜曹植的美文是一个例子,安禄山作杨贵妃的干儿子也是一个例子。

还有一种正面的"拙行"。如唐初的重臣李勣,本是李密的部下。而在当初起兵时,李密与李渊父子势力之间,是勾心斗角的两派,只是李密后来被王世充打败,他才随故主投于李渊父子的麾下。此时天下大势已趋明朗,李勣懂得只有取得李渊父子的绝对信任才有前途,于是他安排了这样的行动:把他"东至于海,南至于江,西至汝州,北至魏郡"的所据郡县地理人口图派人送到关中,当着李渊的面献给李密,说既然李密已决心投降,那我所据有的土地人口就应随主人归降,由主人献出去,否则自献就是自为己功、以邀富贵而属"利主之败"的不道德行为。李渊在一旁听了,十分感慨,认为李勣能如此尽忠故主,必是一个忠臣。李勣归唐后,很快得到了李渊的重用。但是李密降唐后心怀怨恨,不久竟又反唐,事未成而"伏诛"。按理说,一般的人到了这个时候,避嫌犹恐过晚,但李勣却公然上书,奏请由他去收葬李密——唯其"公然",才更添他的"高风亮节",假设偷偷摸摸,则可能会有相反的效果——"服衰绖,与旧僚吏将士葬密于黎山之南,坟高七仞,释服散"。说起来,这纯粹是做给活人看的,李密已死,晓得什么?表面看这似乎有碍于唐天子的面子,是李勣的一种愚忠,实际上李勣早已料到这一举动将收到以前献土地人口同样的神效。果然"朝野义之",公推他是仁至义尽的君子。从此李勣更受朝廷重用,恩及三世。李勣取的是一种"负负得正"的心理效应,迎合了人们一般不

第九章 做人要懂得低调

信任直接对己的甜言蜜语，而相信一个人与他人相处时表现出来的品质——即侧面观察的结果，尤其是迎合了人们一般普遍地喜爱那种脱离于常人最易表现的忘恩负义、趋吉避凶、奸诈易变的人性弱点而表现出来的具有大丈夫气概的认同心理，看似直中之直，实则大有深意，是"藏巧于拙"处世而成功的典型。

李白有一句耐人寻味的诗，叫"大贤虎变愚不测，当年颇似寻常人"，则揭示了另一种意义上的保藏用晦的处世之法。这是指在一些特殊的场合中，人要有猛虎伏林、蛟龙沉潭那样的伸屈变化之胸怀，让人难以预测，而自己则可在此其间从容行事。元末的朱元璋在攻占了南京后，因为群雄并峙，为了避免因崭露头角而成为众矢之的，他采取了朱升的建议，以"高筑墙，广积粮，缓称王"的策略赢得了将群雄各个击破的时间与力量，在众人的眼皮底下暗渡陈仓，最后一并群雄当上了大明皇帝。

以上所述，都是一些典型人物的典型事例。不过，对于一般的普通人，古人也认为应该有包藏、凝重的胸怀与气度。有一句名言，曰："取象于钱，外圆内方。"古钱币的圆形方孔，大家都是知道的。为人处世，就要像这钱一样，"边缘"要圆活，要能随机而变；但"内心"要守得住，有自己的目的和原则。例如，对周围的环境、人物，假如有看不惯处，不必棱角太露，过于显出自己的与众不同来，"处世不必与俗同，亦不宜与俗异，作事不必令人喜，亦不可令人憎"，既可以保全气节，也可以保护自己。

4. 坦然接受他人的批评

"人非圣贤，孰能无过。"只要你活着，势必会受到各种各样的批评，尤其是对你期望愈高的人便愈会指责你。有时，即使数千百年前活着的人，同样得承受后人的无数指责和批评。

别人之所以对你进行批评和指责，必定是以他的思维逻辑认定了你的过错，并且使他不满意。一则常常是因为责任，二则可能是因为习惯，会使别人对你的不满如鲠在喉，不吐不快。既然别人找上门来提意见，对方必定以为你会或是应该接受他们的意见，此刻他们可能正处于感情冲动之中，如果你勃然大怒，把对方羞辱一番或加以反向指责，那么一场循环指责也就这么开始了。通常，这是绝无善终的，无论对方是谁，你都已经将他得罪，并且还败坏了自己的形象和好声誉。

停止这种恶性循环的惟一方法是，在面对别人的指责时，尽量超脱一些。此刻只需记住对方所提批评的要点，以后考虑。别在当时作出任何反应，更必须过滤对方指责中的感情性东西——充耳不闻，避免使它们刺激你的神经，使你失去理智。既然别人是深思熟虑而后提出了批评，你也理应有个考虑，对方不可能因此而对你不满意，相反，他们可能会更感安慰。"你的意见很好，能不能让我考虑考虑？"这也许是在面对指责时的最佳答复。面对批评，应当按下面的原则去处理：

（1）尽量使来者坐下来面谈，这样可以大大缓和紧张空气。给对方沏杯茶会更加减少其单纯的不满情绪，也免使自己受到刺激。

（2）别表现出强烈的厌烦，更不要愤然拒绝批评而离去，这会显得你没有肚量，即使是过分的指责，你也应耐着性子听。

（3）无论如何别打断对方的讲话，相反要鼓励对方把话说完。这可以更有效地使对方变得平静，而你也可以心气平和。

（4）不要跟一个感情冲动的批评者争论，不要去指责对方言语中的失误或失实。因为有时对方前来，只不过是要发泄一下不满情绪——他想提出的要求，分明无法做到，也不是你个人的过失，此时你若与之相争，则会使问题变得更糟。

（5）绝不要在未听完对方的指责之前就表态，但面对情绪激动的来者一再表示道歉，常可使对方反而语塞。

（6）换一句话把对方的意见说出来，表示你不仅认真听了他的指责，而且态度诚恳。如此则不论你是否准备接受对方的批评，都会使之感到满意。

学会艺术性地对待批评，也是使自己在公众面前树立一个"虚怀若谷"的好形象的好时机。即使对指责你的人心怀恶恨，你也最好在他们的指责面前不要作声。

公众舆论总是同情弱者，"脾气好"的人必定会处处受人欢迎，而苛刻的指责者则会在公众面前大失颜面，被更多的人在心中指责。

5. 忍字心头一把刀

在社会上行走，"忍"字很重要，因为一个人不可能在任何时间、任何场合

这样做人更有魅力

下都事事如意，有些事情怎么也无法解决，有些事情可能没法很快解决，所以只能忍耐。俗话说，"小不忍则乱大谋"。那种动辄出气的人虽然可以解除一时的心理压力，但从长远来看，他会断了自己的前程，失去长远之利。因为他自己解了一时之气，那一定有人受气，这种受气之人必定记着，说不定还会秋后算账！

历史上最有名的能"忍"之例就是韩信忍受的胯下之辱。当时韩信落魄潦倒，无心也无力与恶少相争，只好忍辱从恶少胯下爬过。孙膑忍庞涓之辱也在历史上很有名，装疯卖傻，就怕庞涓把他杀了。这二位忍受大辱，其结果如何？韩信留下有用之身，终于成为大将，如果他当时斗气，恐怕要被恶少打死了；孙膑保住一命，终于收拾了庞涓，如果他当时不能忍，早就没命了。还有越王勾践，卧薪尝胆20年，为的就是将来东山再起。

韩信也好，孙膑也好，越王勾践也好，都是"忍一时之气，争千秋之利"，这一点值得当今那些年轻气盛者好好学习一番。如今的年轻人，动辄与人出口相骂，大打出手，稍遇不公，就奋力相争。当然他们并不是没有道理，但是一定要考虑其后果。

当然，我们每个人遇到的状况都不一样，因此什么事该忍，什么事不该忍，并没有一定的标准。但有一种情形下，你必须忍——当你的形势比人弱时。

所谓形势比人弱，是指客观环境对你不利，如在公司里受到上司的羞辱、排挤；对目前工作环境不满意，可是又没有更好的工作机会；自己好不容易做个小生意，却受到客户的刁难；想创业，却资本不够；或者好好走在街上，却无缘无故被人欺……

当你处于弱势时，就很难有施展自己的空间，仿佛困兽一般。有些人碰到这

第九章
做人要懂得低调

种情形，常常任凭自己的性情，顺着自己的情绪行事。如被人羞辱了，干脆就和他们干一架；被老板骂了，干脆就拍他桌子，丢他东西，然后自动走路。不敢说这么做就会毁了这个人的一生，因为人生的事很难说，有时甚至会"因祸得福""弄巧成拙"。但没有忍性，绝对会给事业造成负面的影响，而且不能忍的人"因祸得福"者并不多，大部分人都不甚如意，总是到了中年才会感叹地说："那时真是年轻气盛啊！"这里倒不是说不能忍的人命运就不好，而是不能忍的人走到哪里都不能忍，不能忍气、忍苦、忍怨、忍骂，而总是要发作、要逃避、要抗拒，可人性丛林中哪儿都有欺人之兽呀！所以常常形势还没好转，他就垮了。

因此，当你身处困境、碰到难题时，想想你的重大目标吧！为了你的目标，一切都可以忍！千万别为了解一时之气而丢掉长远目标。

人的一生当中会遇到很多问题，如果你能忍一忍，并学会控制自己的情绪和心志，以后即使碰到大的问题，自然也能忍受，也自然能忍到最好的时机再把问题解决，这样才能成就大事业。

当然，我们要把能忍之人与人们平常所说的"窝囊废"区分开来，千万不要去做后者。人要有一身正气，碰到你公正有理之事时，要先据理力争，以正压邪，更不能丧失一个人的人格、国格。也就是说，忍也要看忍的对象、范围和忍的程度。大事忍，小事也忍，无理时忍，有理时也忍，这就真是一个"没用货"了。

从今天开始，好好练习你的"忍术"吧，因为你的一生还有很长的路要走，还有更大的目标等着你去实现。

知识链接

人的一生当中会遇到很多问题，如果你能忍一忍，并学会控制自己的情绪和心志，以后即使碰到大的问题，自然也能忍受，也自然能忍到最好的时机再把问题解决，这样才能成就大事业。

6. 忍小谋大，不逞匹夫之勇

有内涵的人应该把握住时机，不贸然行动。把握住时机则能由弱变强，由小变大。如果不知把握时机，非得弃弱逞强，到时非但不能实现自己的目标，反而会输个一塌糊涂。历来成功者都知道"忍"字是传家宝，能忍者方能伺机待时，等到自己有足够的力量与对手抗争时方猛地反击，定能一战而胜。

日本人讲一个"忍"字，是要培养自己刚强的毅力和坚韧的耐力。能忍得旁人所难以忍受的东西，才能使自己能屈能伸，不断地积蓄力量，增强忍耐力和判断力，这样才能为将来事业的成功积累资本。

宋代苏洵曾经说过："一忍可以制百辱，一静可以制百动。"这就是说忍能抵挡千军万马，可以说是"忍小谋大"的策略。

孟获是三国时蜀国南方少数民族的首领，率众起兵反叛，诸葛亮奉命率兵去平定。当诸葛亮听说孟获不但作战勇敢，而且在南中各个地区的部族人民中很有威望，想到如果把他争取过来，就会使蜀国有一个安定的大后方。于是，他下令对孟获只许活捉，不许伤害。当蜀军和孟获的部队初次交锋时，诸葛亮授意蜀军故意退败，引孟获追赶。孟获仗着人多势众，只顾向前猛冲，结果中了蜀军的埋伏，被打得大败，自己也做了俘虏。

第九章
做人要懂得低调

当蜀军押着五花大绑的孟获回营时，孟获心想此次必死无疑，便刁钻使横，破口大骂。谁知诸葛亮不但立即让人给他松了绑绳，还陪他参观蜀军营寨，好言劝他归降。孟获野性难驯，不但不服气，反而倨傲无礼，说诸葛亮使诈。诸葛亮毫不气恼，放他回去，二人相约再战。

孟获跑回去之后，重整旗鼓，又一次气势汹汹地进攻蜀军，结果又被活捉。诸葛亮劝降不成，又一次把孟获送出大营。孟获也是个犟脾气，回去又率人来攻并同时改变进攻策略，或坚守渡口，或退守山地，却怎么也摆脱不了诸葛亮的控制。一次又一次遭掳，一次又一次被放。到了第七次被擒，诸葛亮还要再放，孟获却不肯走了，他流着泪说："丞相对我孟获七擒七纵，可以说是仁至义尽，我打心眼里佩服。从今以后，我绝不再提反叛之事。"

孟获回去之后，说服各个叛乱部落全部投降，南中地区重新归属蜀汉控制。自此，蜀国的大后方变得稳定，南方各族人民也得以休养生息，安居乐业。常言说"事不过三"，忍让一次两次都可以，再三再四就有些难以按耐。可是诸葛亮却为了后方的稳定而对孟获捉了放、放了捉，耐着性子忍下去，并没有因为孟获的行为而放弃。诸葛亮之所以这样做，就是想以德服人，使孟获心悦诚服，下定决心不再叛乱。这就能够使蜀拥有一个稳固安定的大后方，使国内人民免于战乱之苦，同时也能逐渐积蓄力量以对付魏、吴的觊觎。如果诸葛亮对孟获的傲慢失礼和不识时务无法忍耐，抓住之后一刀杀掉，那也就只能出一时之气，反而会激起其他族人的反抗,那么蜀国不但会对此疲于应付,而且会因无暇他顾而使曹操和东吴有机可乘。所以忍与不忍的区别在于,不忍只能发一下眼前怨气,忍却能得到长远利益。

7. 为人处世要检点小节

有的人认为"不拘小节"是一种潇洒、一种成就大事的风格。然而,我们于小节处更应检点。紧要的关头,大家都会以最佳状态小心应战,而日常琐屑细节,

第九章 做人要懂得低调

则是一个人的天性、本质、修养的自觉流露，这些地方往往将人的言谈举止反映得更客观、更全面。

今天，有的人很少注意检点小节，他们将轻浮视为洒脱，将放荡不羁视为追求个性。这种认识上的错误，使他们在人生中处处碰壁。

有个人在单位上班、下班，与人见面时从来不与人打招呼，对面来人了，他赶紧将头扭向一旁。他获得了一点成绩后，更加我行我素旁若无人；当他失败时，没有得到别人的一点安慰和帮助，大家的评语竟是："活该！""应有此报！"这样的结局多令人心寒。如果他平时能放下自己那副趾高气扬、不可一世的派头，与周围的人多沟通点，又怎么会落得如此狼狈的下场呢？

不要小瞧了和别人沟通这一细节。虽然与人沟通感情的最初阶段只是打招呼，但不要忘记，在人的内心里有思想和感情两个方面，心与心之间要想系上纽带，最初的方法就是打招呼，由陌生到认识再到熟悉。首先刺激感情，然后就易于沟通、交流思想了。如果连最简单的"您好""再见"等日常招呼也不会打的人，怎么能称得上是一个成功的社会人士呢？人生活在社会上，还得受社会环境的制约和影响，不可能不与周围的人接触。你不拘小节，难道你周围交往的人也不拘小节吗？

在交往时，言谈举止往往与人的内心世界联系在一起，因此对于个人的言谈举止也必须注意。因为这些言行可能会使对方产生对你的好恶，从而在一定程度上影响交往的成败。尤其应该注意的是，尽量不要招致对方的不愉快，这种损人不利己的事情，一定要严加禁止。所谓"严以律己，宽以待人"，我们总要时时反省、检视自己的言行，这虽然只是一些小节，平时也应多加注意，才会让他人

这样做人更有魅力

对我们有好感。

有的人电话交谈时间过于长久,习惯使用口头禅,甚至时常讲"不可以""不行"这一类否定词语,这种人给人的印象多半不是很好。此外还有一种人,服装不整、不注意卫生,给人以不洁之感,或常做些不雅的动作,以及态度冷漠、公私不分等,都必须加以改善。

俗话说:"衣裳是文化的表征,衣裳是思想的形象。"言谈举止反映出人的精神需求和文化素养。即使小小的着装在人际交往中也有一定的作用。

衣衫不整、蓬头垢面让人联想到失败者的形象。而完美无缺的修饰,能使一个人在任何团体中的形象大大提高。

一个人的外貌对于人本身的确有影响,穿着得体的人给人的印象就是好,它等于在告诉大家:"这是一个重要的人物,聪明、成功、可靠。大家可以尊敬、仰慕、信赖他。他自重,我们也尊重他。"反之,一个穿着邋遢的人给人的印象就差,它等于在告诉大家:"这是个没什么作为的人。他粗心、没有效率、不重要。他只是一个普通人,不值得特别尊敬,他习惯于不被重视。"

在交际中,有时候,特别是由旁人介绍去访问别人,此时更须注意:要严格遵守时间,要明白告诉对方自己的访问意图,要选择一个彼此方便交谈的地点。自己的言谈若有诚意,便可在对方的脸上获得认可;同样,如果你以极亲切、自然的态度访问,对方也会表现出相同友善的反应来。有些参加各种面试的人都有这种深深的体会,每个求职者在面试时都想充分表现自己的热情,当然,这种表现并不是虚伪的、过分做

第九章 做人要懂得低调

作的，而是具有真实基础的。充分表现即是指不应藏而不露或少露。

"入乡随俗"，是一句大家都很熟悉的谚语，每个人的举止言谈都是环境的产物，但人是能动可变的。要改造环境，首先必须适应环境。这点任何人都需要注意。

就表情而言，应注意克服的态度主要有：自鸣得意的态度，傲慢的态度，不屑的态度——这会伤害对方的自尊心；不稳定的态度——说一些没有自信心的话，而使听话的人无法信任你；卑屈的态度——被视为傻瓜、无能，会让人低估你的实际能力以致被人从骨子里看不起，过度热衷于取悦于别人，很难给人好印象；冷淡的态度、倨僮的态度——使人感觉不亲切，缺乏投入感，态度过于严肃，以使男性敬而远之的女性为多；不识时务的态度——如在酒席上谈论严肃的话题，在诉说悲哀的事情时脸上无任何表情，或只知谈论个人兴趣，从不理会别人的感觉和反应；随便的态度——给人一种马马虎虎、消极的感觉；反应过激，语气浮夸粗俗，满口俚语粗话。

以上所举的态度，应该随时注意，避免这些不良态度在与人交往中表现出来。

就动作而言，应注意的姿势或动作主要有：坐要有坐相，不要随便左右晃动，如果是女士的话两腿要并拢；站立时膝盖要伸直，腰板要直；不要抖腿，不要撅臀部；不要抓头搔耳，两手应自然垂放在两侧，或是轻放在前面；不要玩弄或吮吸手指，尽量不要跷脚；表情温和，有亲切的眼神和饱满的精神。

有的人说话喜欢将手插在口袋里，有时

这样做人更有 魅力

还坐在桌子上。这是一种过于散漫、过于随便的讲话方式。在交谈时,将手插在口袋里,容易让人产生不良的印象,尤其是在多数听众面前,这种姿态会使周围的人觉得这位发言者只沉迷于自己的世界之中,而将他人看作较自己低下,且表现欲望非常强,使人感觉到别人不可超越他。不管你有没有这种傲慢的想法,但这种态度,很容易让人误以为你就是这样一种人。

上面说到的都是人际交往中需要注意的小节,但并不是提倡处处都谨小慎微、缩手缩脚、婆婆妈妈。如果有人要钻牛角尖、要钻死胡同,对付这种人最有效的方法只有保持沉默了。

工作上的道理与交际一样,在他人的眼光看不到或易忽视的地方用心,才是真正的用心工作,要想工作不流于一般的人,应学会在细小处练功夫。

有时候,公司老板或业务员要出差,便会安排员工去买车票。这看似很简单的一件事,却可以反映出不同的人对工作的不同态度及其工作的能力,也可以大概测定一下其今后工作的前途。有这样两位秘书,一位将车票买来,就那么一大把地交上去,杂乱无章,易丢失,不易查清时刻;另一位却将车票装进一个大信封,并且,在信封上写明列车车次、号位及起程、到达时刻。后一位秘书是个细心人,虽然她只做了几个细节处,只在信封上写上几个字,却使他人省事不少。按照命令去买车票,这只是一个平常的工作,但是一个会工作的人,一定会想到该怎么做才会令人更满意、更方便,这也就是用心、注意小节的问题了。

工作上细心不容忽视。注意小节所作出来的工作一定能抓住人心,虽然在当时无法引起他人的注意,但久而久之,这种工作态度形成习惯后,一定会给你带

第九章
做人要懂得低调

来巨大的收益。这种细心的工作态度，是由于对工作重视的态度而产生的，对再细小的事也不掉以轻心、专注地去做才会产生。能够成为大人物的人，即使要他去收发室做整理信件的工作，他的做法也会跟别人有所不同，这种注重细微环节的态度，就是使自己发展的营养剂。

工作上的这种细心，所需的另一方面就是一份亲切感、一点人情味、一种替别人着想的心情。"若是我的话，就想这么做"，这就是亲切感、人情味。

一部名为《细节》的小说，其题记为："大事留给上帝去抓吧，我们只能注意细节。"作者还借小说主人公的话做了脚注："这世界上所有伟大的壮举都不如生活中一个真实的细节来得有意义。"

细节，它不仅具有艺术的真实，而且更具有生活的真实。也许是生活的真实造就了艺术的真实，我们读小说时，总为作家笔下的细节，如人物的心理、动作、语言所激动。

生活就像无限拉长的链条，细节如链条上的链扣，没有链扣，哪有链条？历史就像日夜奔腾的江河，细节如江河边的支流，没有支流，哪有江河？回味生活，翻阅历史，我们为什么不从真实的细节做起？

知识链接

生活就像无限拉长的链条，细节如链条上的链扣，没有链扣，哪有链条？历史就像日夜奔腾的江河，细节如江河边的支流，没有支流，哪有江河？

8. 冷静面对不尽如人意的人和事

在生活和工作中，我们都难免会碰到无事生非的人、制造谣言的人、嫉贤妒

这样做人更有魅力

能的人、偏听偏信的人,以及各种以权谋私、以势压人、阴谋诡计、欺骗虚伪等。也许你确实是与人为善,但是你的善未必能换回来善,需知任何创造性都是在客观上对于平庸的挑战;任何机敏和智慧都在反衬着愚蠢和蛮横;任何好心好意都在客观上揭露着、为难着心怀叵测的人;而任何大公无私都好像是故意出小肚鸡肠的人的洋相。在工作中,你做得越好,就越会有同事憎恨你,这是不能不正视的现实。

人们在碰到不尽如人意的人和事以后常常会感叹世情的险恶,人心的险恶。然而,应该如何对付这种险恶呢?

一是以痛恨对恶。以为自己与自己的小圈子乃清白的天使,以为周围的一切人是魔鬼和恶棍,于是整天咬牙切齿,苦大仇深,鬼迷心窍,不可终日。这是不可取的,因为这本身就已经与他心目中的魔鬼恶棍无大异、趋同了。

二是以疑对恶。嘀嘀咕咕,遮遮掩掩,患得患失,犹豫不决,生怕吃亏上当,总觉得四面楚歌。结果可能是少吃了两次亏,但更失掉了许多朋友和机会,失掉了大度和信心,失掉了本来有所作为的可能。

三是以大言对恶。以煽情对恶,以悲情"秀"对恶,言必称险恶,言必骂世人皆恶我独善,世人皆浊我独清。

四是以消极对恶。一辈子唠唠叨叨,神经兮兮,诉不完的苦,生不完的气,发不完的牢骚,埋怨不完的"客观",到了生命的最后一刻,他仍旧一事无成,却还在那里怨天尤人。

那么,我们能不能做到,保持干净更保持稳定,保持操守更保持好心情,保持正义感更保持理性,保持有所不为有所不信更保持与人为善呢？多数情况下，绝大多数人，他们对待你的态度取决于你对他们的态度。至于说到他们的缺点，不见得一定比你多，即使是常常不比你少。无论如何，我们可以努力做到使自己变成一个和善安定的因素，团结的因素，文明的因素，而不是

相反。我们可以努力做到心平气和，冷静理智，谦恭有礼，助人为乐，而不是相反。甚至对那些或某一个对你确实是心怀敌意乃至已经不择手段地伤害你的人，你也可以反躬自问，自己有什么问题？有什么使他受到伤害的言行？有没有可能消除误解化"敌"为友？还要设身处地想想对方是否也情有可原。

我们日常说的"一个巴掌拍不响"，心理学家认为，至少有80%的适用性。对那20%的讨厌者，必要时，看准了，找对了，在最有利的时机，你也可以回击一下。但这绝非常规，只能偶然为之。

9.刚柔相济，该低头时就低头

老百姓有一句俗语，叫做"人在屋檐下，不得不低头"。意思是说人在权势、机会不如别人的时候，不能不低头退让。但对于这种情况，不同的人可能会采取

这样做人更有魅力

不同的态度。有志进取者,将此当作磨炼自己的机会,借此取得休生养息的时间,以图将来东山再起,而绝不一味地消极乃至消沉;那些经不起困难和挫折的人,往往将此看作是事业的尽头,或是畏缩不前,不愿想法克服眼前的困难,只是一味地怨天尤人、听天由命。

所谓的"屋檐",说明白些,就是别人的势力范围。换句话说,只要你人在这势力范围之中,并且靠这势力生存,那么你就在别人的屋檐下了。进入别人的势力范围时,你会受到很多有意无意的排斥和限制,不知从何而来的欺压,这种情形在你的一生当中,至少会发生一次。除非你有自己的一片天地,是个强人,不用靠别人过日子。可是你能保证你一辈子都可以如此自由自在,不用在人屋檐下避风躲雨吗?所以,在人屋檐下的心态就有必要调整了。

在中国历史上,政治斗争、军事斗争乃至权力斗争,极其复杂,有时更是瞬息万变,忍受暂时的屈辱,厚脸低头磨炼自己的意志,寻找合适的机会,也

第九章
做人要懂得低调

就成了一个成功者所必不可少的心理素质。所谓"尺蠖之曲，以求伸也；龙蛇之蛰，以求存也"，正是这个意思。西汉时期的韩信忍胯下之辱正是这种"低头"的最好体现。因为他不低头就把自己弄到和地痞无赖同等的地步，奋起还击，闹出人命吃官司不说，很可能赔上一条小命。

另一种更高层次上的"低头"，是有意识地主动消除隐患的一个阶段，借这一阶段来了解各方面的情况，消除各方面的隐患，为将来的大举行动做好前期的准备工作。隋朝的时候，隋炀帝十分残暴，各地农民起义风起云涌，隋朝的许多官员也纷纷倒戈，转向农民起义军。因此，隋炀帝的疑心很重，对朝中大臣，尤其是外藩重臣，更是易起疑心。

唐国公李渊（即唐太祖）曾多次担任中央和地方官，所到之处，悉心结纳当地的英雄豪杰，多方树立思德，因而声望很高，许多人都来归附。这样，大家都替他担心，怕遭到隋炀帝的猜忌。

一次，隋炀帝下诏让李渊到他的行宫去晋见。李渊因病未能前往，隋炀帝很不高兴，多少有点猜疑之心。当时，李渊的外甥女王氏是隋炀帝的妃子，隋炀帝向她问起李渊未来朝见的原因，王氏回答说是因为病了。隋炀帝又问道："会死吗？"

王氏把这消息传给了李渊，李渊更加谨慎起来，他知道迟早为隋炀帝所不容，但过早起事又力量不足，只好缩头隐忍，等待时机。于是，他故意广纳贿赂，败坏自己的名声，整天沉湎于声色犬马之中，而且大肆张扬。隋炀帝听到这些，果然放松了对他的警惕。

这样做人更有 魅力

试想，如果当初李渊不"低头"，很可能就被正猜疑他的隋炀帝杨广送上了断头台，哪里还会有后来的太原起兵和大唐帝国的建立。

在为人处世中，"该低头时就低头"的目的是为了让自己与现实环境有和谐的关系，把二者的磨擦降至最低，是为了保存自己的能量，好走更长远的路，更为了把不利的环境转化成对自己有利的力量。这是处世的一种柔性，一种权变，更是最高明的生存智慧。